Bastian Keller

BITCOIN BREAKOUT

Bastian Keller

BITCOIN BREAKOUT

Bibliografische Information der Deutschen Nationalbibliothek
Die Deutsche Nationalbibliothek verzeichnet diese Publikation in der Deutschen Nationalbibliografie; detaillierte bibliografische Daten sind im Internet über dnb.dnb.de abrufbar.

Wir freuen uns auf eure Anregungen und Fragen
info@deutscherwirtschaftsbuchverlag.com

Wichtiger Hinweis
Die im Buch veröffentlichten Empfehlungen wurden von Verfasser und Verlag erarbeitet und geprüft. Der Inhalt dieses Buches beruht ausschließlich auf den persönlichen Erfahrungen des Autors und erhebt keinen wissenschaftlichen Anspruch. Die benutzten Begrifflichkeiten sind wertfrei. Eine Garantie kann dennoch nicht übernommen werden. Ebenso ist die Haftung des Verfassers bzw. des Verlages und seiner Beauftragten für Personen-, Sach- und Vermögensschäden ausgeschlossen.

Originalausgabe
1. Auflage 2026

Deutscher Wirtschaftsbuch Verlag GmbH,
Christoph-Rodt-Straße 11, 86476 Neuburg an der Kammel
www.deutscherwirtschaftsbuchverlag.com

Auch wenn eine gendergerechte Sprache wünschenswert ist, gibt es aus Sicht des Verlages bisher keine befriedigende, gut lesbare Lösung. Für eine leichtere Lesbarkeit haben wir des Öfteren von der Doppelung männlicher und weiblicher Formen Abstand genommen. Selbstverständlich liegt es uns fern, dadurch einen Teil der Bevölkerung zu diskriminieren.

Korrektorat: Helga Linsbauer
Cover- und Umschlaggestaltung: www.b3k-design.de, © 2026 Andrea Schneider & diceindustries; Tobias Prießner
Druck: GGP Media GmbH, Pößneck
Printed in Germany
ISBN Print: 978-3-69066-247-5
ISBN E-Book (PDF): 978-3-69066-249-9
ISBN E-Book (EPUB, Mobi): 978-3-69066-248-2

Inhaltsverzeichnis

INTRO

Mit 2,5 Millionen Dollar Bargeld im Rucksack durch Dubai

Ich saß im Taxi. Neben mir ein unscheinbarer schwarzer Rucksack. Darin: 2,5 Millionen Dollar in Cash. Keine Metapher. Kein Film. Reales Geld, gebündelt in Scheinen, schwer wie ein Zementsack.

Ich presste die Hand um eine der Schlaufen, als könnte der Rucksack jeden Moment verschwinden. Was, wenn der Fahrer im Rückspiegel erkannte, was ich da transportierte? Was, wenn er plötzlich von der Autobahn in die Wüste abbog?

Diese Fahrt war nur der Höhepunkt einer Geschichte, die Monate vorher begonnen hatte.

Bevor ich 2024 in ein Apartment zog – zwei Zimmer, für mich damals schon Luxus –, hatte ich viereinhalb Jahre in einer winzigen Einzimmerwohnung gelebt. Wohnzimmer gleich Büro, Küche gleich Trading-Desk. Zwei Jahre lang schloss ich mich dort fast ein, um Bitbull Trading aufzubauen. Es war ein klaustrophobischer Ort, aber in meinem Kopf lief längst ein anderes Bild: eine Villa, Platz für eine Familie, ein professionelles Office.

Also schrieb ich meinem Freund Matt, der in Dubai mit Immobilien handelt: »Hast du was für mich? Vielleicht eine Villa?«

Kurz darauf stellte er mich einem Makler vor, und plötzlich jagte ein Angebot das nächste. Die erste Villa: perfekt. Deal fast durch.

Dann sprang der Verkäufer ab – er wollte mehr Geld.

Das zweite Objekt war ebenfalls spannend, aber eine halbe Million Dollar teurer. Dieses Mal war ich es, der Nein sagte. Trotzdem ließ mich die erste Villa nicht los, also erhöhte ich mein Angebot um 100.000 Dollar. Der Verkäufer akzeptierte. Der Deal stand.

Bis er mir eröffnete, er wolle alles in bar. Zwei Millionen Dollar in Cash. Selbst in Dubai völlig ungewöhnlich.

Digital hatte ich die Summe sofort parat. Aber Bargeld? Willkommen im Jahr 2024: Wir leben mitten in der digitalen Währungsrevolution, Coins und Token überall. Doch wenn es ernst wird, zählen immer noch die altbewährten handfesten Scheine.

Also suchte ich nach einem Weg, Krypto in Cash zu tauschen, und stolperte beinahe in eine Falle. 2,5 Millionen USDT sollten auf die Wallet einer Firma transferiert werden, die mir die Summe in bar auszahlen würde. Empfohlen von einer vertrauenswürdigen Quelle, russisch geführt, klein und unscheinbar.

Ich landete in einem winzigen Büro eines Shared Office. Zwei Jungs, freundlich, locker, hinter einer Wand mehrere Geldzählmaschinen. Einer der beiden öffnete seine Wallet-App. Beim Anblick der 100 Millionen Dollar Guthaben musste ich kurz schlucken. Wir machten eine Testüberweisung über 12 Dollar. Das Geld kam zurück zu meiner eigenen Wallet. Alles schien solide.

Gerade als ich am nächsten Tag die insgesamt etwa 2,5 Millionen Dollar in drei Tranchen von meiner eigenen Wallet auf die der beiden Russen überweisen wollte, fiel mir etwas sehr Merkwürdiges auf: Ich fand den besagten Testbetrag vom Vortag nicht nur ein Mal, sondern gleich zwei Mal als Rücküberweisung in meiner Wallet vor, was eigentlich gar nicht hätte sein dürfen! Was war geschehen?

Wie ich aus meiner History ablesen konnte, hatte ein Scammer offensichtlich die kleine Testüberweisung vom Vorabend bemerkt – auf einer Blockchain lassen sich sämtliche Transaktionen nachvollziehen, denn dort ist alles öffentlich einsehbar – und seine Chance gewittert. In der Erwartung, dass von meiner Wallet in Kürze mehr Geld transferiert werden würde, hatte er ganz einfach denselben Betrag noch einmal an mich geschickt. Seine Hoffnung war gewesen, dass ich beim nächsten Transfer unachtsam wäre, *seine* Wallet anklicken und mit Copy-and-Paste den Betrag nicht an die gewünschten Empfänger, sondern stattdessen an ihn schicken würde. Wäre mir diese doppelte Rücküberweisung nicht aufgefallen, hätte ich diesem Scammer tatsächlich 2,5 Millionen Dollar geschickt! Dann wäre das Geld für immer weg gewesen und mein Traum von der Villa in diesem Moment wie eine Seifenblase zerplatzt.

Viele Menschen machen bei wiederholten Überweisungen mit einer anderen Wallet den Fehler, dass sie aus der Transaktions-History einfach die Absenderadresse, von der sie zuletzt eine Zahlung erhalten haben, mit Copy-and-Paste übernehmen und ihr Geld dorthin überweisen. Klingt bequem – sollte man jedoch nicht machen. Denn diese Vorgehensweise birgt Risiken und kann im schlimmsten Fall Millionen kosten.

Hochkonzentriert gab ich die korrekten Wallet-Daten händisch ein und tätigte den Transfer in den geplanten drei Tranchen. Kurz darauf saß ich zum zweiten Mal in dem kleinen Eckbüro und blickte auf mehrere Taschen voller Bargeld, in denen die überwiesene Summe hauptsächlich in Bündeln zu jeweils 100.000 Dirham gepackt war; dazu kamen noch etliche Bündel mit 500- und sogar 1000-Dirham-Scheinen, und mir wurde bewusst, dass die Tasche, die ich selbst mitgebracht hatte, dafür nicht groß genug war.

Die Situation wirkte irgendwie skurril, beinahe surreal, und wäre in Deutschland undenkbar gewesen: Ich saß vor mehreren Geldzählmaschinen, stapelweise Geldbündel vor mir, in einem offenen Büro, in das jeden Moment jemand hereinkommen hätte können, um uns drei zu überfallen und mit dem Geld auf Nimmerwiedersehen zu verschwinden. Dass in diesem kleinen Büro mit jeder Menge Cash hantiert wurde, war sicherlich vielen Menschen bekannt. Aber ich befand mich in Dubai und damit in einer der sichersten Städte der Welt. Hier hat niemand Angst vor derartigen Übergriffen, denn die Strafen sind drakonisch und die Kriminalitätsrate in diesem Emirat liegt nahezu bei null.

Zum Glück hatten die Russen einen Rucksack im Büro stehen, den sie mir freundlicherweise leihweise überließen. Dieser war dann tatsächlich groß genug für sämtliche Geldbündel.

So verließ ich das Büro. Mit 2,5 Millionen Dollar auf dem Rücken stieg ich in ein Taxi.

Von außen wirkte ich wie ein Backpacker. In Wahrheit war ich eine wandelnde Zielscheibe. Während wir durch die Stadt fuhren, begann ich damit, die Scheine umzuschlichten, sodass sie wenigstens halbwegs geordnet im Rucksack lagen. Ob der Fahrer im Rückspiegel sah, womit ich beschäftigt war? Keine Ahnung. Er schwieg und fuhr weiter.

Während die Skyline von Dubai an mir vorbeizog, ließ ich die Gedanken zurückwandern. Plötzlich bemerkte ich, wie mich das Augenpaar des Fahrers aus dem Rückspiegel beobachtete, und klammerte meine Finger noch fester um die Schlaufe des Rucksacks. Was, wenn er ahnte, was ich da transportierte? Was, wenn die Tür plötzlich aufging und der Sog den Rucksack nach draußen beförderte?

Der Fahrer schien mich kurz zu mustern und fragte schließlich auf Englisch mit diesem typischen singenden Akzent, den viele Taxifahrer in Dubai haben: »Urlaub in Dubai?«

Ich musste lachen. »So ähnlich.« Er nickte, lächelte zurück, und irgendwie löste sich in mir ein Knoten. Vielleicht war es die Anspannung, vielleicht die surreale Situation mit dem Rucksack voller Geld – jedenfalls hatte ich das Bedürfnis, zu reden. Und wem konnte man sich leichter öffnen als einem Fremden, der einen nach zwanzig Minuten sowieso wieder aus seinem Wagen aussteigen ließ?

So begann ein Gespräch, das mich in meine eigene Vergangenheit zurückversetzte …

»Nicht ganz«, berichtigte ich meine vorherige Antwort. »Ich lebe hier. Aber eigentlich komme ich aus Deutschland, aus der Nähe von Stuttgart.«

Der Fahrer grinste. »Ah, Deutschland! Viele Gäste kommen von dort. Gute Jobs, gute Autos. Deine Eltern sind bestimmt reich, ja? Du hast einen tollen Beruf?«

Ich schüttelte den Kopf. »Nein, überhaupt nicht. Ich habe keine reichen Eltern, keine besonderen Begabungen ...«

Der Fahrer schaute überrascht. »Wie hat dein Leben dich nach Dubai geführt?«

Der Fahrer grinste breit, seine Zähne blitzten im Rückspiegel. Mit der rechten Hand trommelte er im Takt der arabischen Popmusik auf das Lenkrad, während die linke das Steuer nur locker hielt. »Wir haben noch eine lange Fahrt vor uns, mein Freund. Erzähl mir deine Geschichte, sonst schlafe ich am Steuer ein.«

Ich musste lachen. *Ein lustiger, aber irgendwie vertrauensvoller Typ,* dachte ich. *Einer, mit dem man sich tatsächlich gerne unterhält. Nicht aufdringlich, eher neugierig – so, dass man Lust bekommt, weiterzuerzählen.*

Ich warf einen kurzen Blick auf die Uhr. Noch eine knappe Stunde bis zur Geldübergabe. Warum also nicht? Schließlich war er ein Fremder, den ich nach dieser Fahrt höchstwahrscheinlich nie wieder sehen würde.

»Nach der Schule machte ich eine Ausbildung zum technischen Produktdesigner. Studium war nicht mein Ding – ich wollte einfach nur schnell arbeiten, Geld verdienen, auf eigenen Beinen stehen.«

»Klingt interessant«, meinte er. »Aber von Deutschland bis nach Dubai ist ein weiter Weg. Wie kam es dazu? Da muss eine Geschichte dahinterstecken.«

Ich lachte. »Stimmt. Bald merkte ich, dass mich das Entwerfen von Bauteilen für Automobilhersteller am PC nicht erfüllte. Während ich bei Mercedes an Projekten mitwirkte, kam ich zum ersten Mal mit Trading in Berührung. In einer Facebook-Gruppe wurden Trades gepostet, die man mit dem eigenen Account kopieren konnte. Das funktionierte am Anfang wunderbar. Und dann, eines Tages, verdiente ich in nur wenigen Stunden ein ganzes Monatsgehalt. Plötzlich fühlte ich mich wie der geborene Trader, ein Naturtalent. Wer oder was sollte mich jetzt noch stoppen?«

Der Fahrer lachte laut. »Oh, ich kenne das. Viele Gäste hier im Taxi erzählen: Einmal schnell Geld gemacht, und sie denken, sie seien Genies. Und dann?«

»Dann kam die kalte Dusche. Nach wenigen Wochen hatte ich alles verzockt. Das Geld, das ich für eine zweijährige Ausbildung zum Maschinenbautechniker gespart hatte, war weg. Um den Verlust wieder reinzuholen, verkaufte ich sogar mein Auto und steckte das Geld ins Trading. Vier Wochen später war auch das weg. Ich hatte nichts mehr.«

Der Fahrer lachte erneut. »Oh, klingt vertraut. Einer hat mir mal gesagt, er sei ein ‚Börsengott'. Zwei Wochen später hatte er kaum noch Geld übrig für die Fahrt zum Flughafen.«

Wir lachten beide.

»Und deine Familie? Sie war bestimmt enttäuscht, nicht wahr?«

»Sie wusste davon gar nichts. Ich erzählte niemandem von meinem Fiasko, nicht einmal meiner Familie. Ein ganzes Jahr lang zog ich mich aus dem Trading zurück. Nach außen hin gab ich vor, alles sei in bester Ordnung. Aber tief in mir drin war es anders: Ich fühlte mich leer, gefangen in einem 9-to-5-Job ohne Zukunft. Ich arbeitete hart, die Lorbeeren kassierten andere. Und ich träumte die ganze Zeit davon, eines Tages mein eigener Boss zu sein.«

»Das kann ich verstehen«, sagte der Fahrer nachdenklich. »Viele Menschen hier arbeiten auch hart, haben aber große Träume. Wie bist du dann zurückgekommen?«

»Durch einen Freund. Er erzählte mir von Bitcoin und Krypto. Anfangs war ich sehr skeptisch. Nach meiner Forex-Pleite wusste ich: Sollte ich das Wenige, das ich mir wieder zusammengespart hatte, erneut verlieren, würde es sehr ungemütlich. Trotzdem setzte ich mich mit der Thematik auseinander, aber diesmal im Stillen. Ich erzählte niemandem von meinen Bitcoin-Investments. 2018/2019 wollte in meiner Familie ohnehin keiner etwas von Kryptowährungen hören. Der Einzige, mit dem ich reden konnte, war mein Kumpel.«

Der Fahrer schüttelte den Kopf. »Meine Cousins machen das Gleiche: Erst groß reden, dann alles verlieren. Aber sie hören trotzdem nie auf. Vielleicht bist du klüger.«

»Genau. Ich erkannte das wahre Potenzial. Für mich war es der absolute Gamechanger. Denn eines war klar: Der Schlüssel zu erfolgreichen Trades liegt in der Volatilität, und die gab und gibt es bei Krypto reichlich.«

»Und dann ging es bergauf?«

»Ja«, antwortete ich. »Mit den ersten Erfolgen merkte ich, wie groß die Möglichkeiten wirklich sind. Ich begann, meine Analysen zu posten, und bekam positives Feedback. Da wusste ich: Es funktioniert. Von da an ging es Schritt für Schritt nach oben.«

Ich sprach es nicht aus, aber in Gedanken war ich wieder bei jenem Moment, Weihnachten 2020, als ich zum ersten Mal einen sechsstelligen Gewinn realisierte. Dieser Augenblick hatte mir endgültig bewiesen, dass mein Weg richtig war.

»Unglaublich«, sagte der Fahrer, deutete mit einer Handbewegung auf die Skyline und nickte. »Klar, so ist es fast überall. Deshalb kommen viele hierher. In Dubai ist es einfacher.«

Ich lehnte mich zurück.

In Deutschland hatte man mir durch Steuern mehr als ein Viertel meiner Gewinne genommen – ohne jemals ein Risiko zu tragen. Für mich fühlte es sich an wie moderne Wegelagerei. Der Fiskus kam schnell, doch gleichzeitig wuchs mein YouTube-Kanal. Immer mehr Follower tauchten auf, die dieselben Probleme hatten wie ich. Aus der Idee, ein eigenes Unternehmen zu gründen, sollten später TradeMania und Bitbull Trading entstehen. Ich wollte andere vor Fehlern bewahren und die Community schaffen, die ich mir einst selbst gewünscht hätte. Aber so weit war ich damals noch nicht.

Noch spielte sich das Ganze lediglich in meinem Kopf ab.

»Und wann hast du entschieden, nach Dubai zu kommen?«, fragte der Fahrer neugierig.

»Ich setzte mir eine Deadline von einem Jahr«, antwortete ich. »Mein Ziel war es, vom Trading leben zu können.«

In Wahrheit war das meine große Bewährungsprobe gewesen. Würde ich es schaffen? Den Job kündigen, auswandern, mein Einkommen zu 100 Prozent auf Trading bauen – das war wie jeder Trade völlig ohne Garantie auf Erfolg. Deutschland und Stuttgart waren damals noch mein Lebensmittelpunkt, auch wegen meiner Beziehung. Deshalb hielt ich mir immer ein Hintertürchen offen: Im Notfall könnte ich zurück in meinen alten Job. Aber ich wollte es unbedingt versuchen.

Der Fahrer warf mir einen letzten Blick über den Rückspiegel zu. »Aber dann ging es endlich bergauf?«, fragte er neugierig, während er mit dem Blinker so heftig klickte, als würde er Morsezeichen geben.

Ich grinste. *Ein echter Charakter*, dachte ich. *Einer, der wahrscheinlich jede Woche zehn verschiedene Lebensgeschichten hört und trotzdem bei meiner aufmerksam blieb.*

»Danke für das Gespräch. Weißt du, die meisten Fahrgäste starren nur auf ihr Handy. Aber deine Geschichte … die war anders.«

Ich nickte. »Danke fürs Zuhören. Manchmal ist es einfacher, einem Fremden alles zu erzählen.«

Wir hielten vor meinem Ziel. Ich spürte, wie mein Herz wieder schneller schlug. Vorsichtig öffnete ich den Rucksack, damit niemand von draußen hineinsehen konnte, und fischte zwischen den prall gefüllten Bündeln nach ein paar unauffälligen Scheinen. Ein falscher Griff, und mir wären Hunderttausender-Päckchen in den Schoß gefallen.

»Kein Stress, ich habe Zeit. Andere suchen nach Kleingeld, du suchst wohl nach Großgeld«, witzelte der Fahrer, ohne zu ahnen, dass er gerade der geduldigste Mann Dubais war und unwissentlich den Nagel auf den Kopf getroffen hatte. Ich musste mir das Lachen verkneifen.

Endlich hatte ich die passenden Scheine in der Hand. Ich reichte sie ihm mit einem Trinkgeld, das wahrscheinlich größer war, als er von den meisten Fahrgästen bekam, denn er strahlte über das ganze Gesicht. »Danke, mein Freund. Das war die interessanteste Fahrt seit Langem. Du bist wirklich kein Tourist. Aber weißt du, was? Egal, wie viel Erfolg du jetzt hast – du klingst noch immer wie ein ganz normaler Junge.«

Ich nickte. *Weil ich es zum Glück auch geblieben bin*, dachte ich, stieg aus und drückte die Tür sanft von außen zu.

Für ein paar Augenblicke blieb ich stehen, sah dem Taxi nach, wie es sich in den Lichtern der Stadt verlor. In meinem Rücken der Rucksack, schwer von Scheinen – aber in meinem Herzen das leise Gefühl, dass all das nichts wert wäre, hätte ich dabei vergessen, wer ich wirklich bin.

Ich atmete tief durch, lachte leise über die Absurdität der Situation und machte mich auf den Weg. Der Rucksack war noch bei mir und mit ihm eine Geschichte, die sich für immer in mein Leben eingebrannt hatte.

Dein Shortcut durch dieses Buch

Das, was du soeben gelesen hast, war nur der Vorgeschmack. In jedem Kapitel werde ich dir zuerst eine Szene aus meinem eigenen Leben als Trader erzählen – mal absurd, mal schmerzhaft, mal mit einem Augenzwinkern.

Aber immer steckt eine Lektion dahinter. Danach geht's direkt darum, was du daraus für dein eigenes Trading mitnehmen kannst: Prinzipien, Werkzeuge, Denkweisen.

Mir geht es nicht darum, dir trockene Theorie reinzudrücken. Ich will dir zeigen, was wirklich funktioniert und was mir selbst schon richtig teuer zu stehen gekommen ist.

Du erhältst einen ehrlichen Einblick: Warum dein Mindset wichtiger ist als jeder Indikator. Welche Fehler fast alle am Anfang machen. Wie du Risiken kontrollierst, ohne ständig die Nerven zu verlieren. Und welche Strategien dich wirklich nach vorn bringen, statt dich ins Aus zu schießen. Denn das macht der Markt schon ganz von allein, wenn du es darauf anlegst. Dieses Buch soll dir dabei helfen, Rückschläge wegzustecken, Chancen zu erkennen und einen klaren Kopf zu behalten, wenn alle anderen in Panik verfallen.

Am Ende jedes Kapitels findest du die Key Facts: die wichtigsten Punkte noch mal auf den Punkt gebracht. So hast du den Überblick, bevor du ins nächste Kapitel springst.

Wir schenken dir ein Buch*,
das Du Dir in 3 Schritten holen kannst:

1.

Einfach folgende Webseite aufrufen:
www.monthly-mentor.de

2.

Wähle unter den Büchern das Buch aus, das Du gratis erhalten möchtest und gib Deinen persönlichen Code an:

sjx5rgtm4

3.

Trage Deine Versandadresse ein und das Buch ist binnen weniger Tage bei Dir. Du übernimmst ausschließlich die Pauschale für Porto und Versand und erhältst das Buch vollkommen gratis.**

Nochmals vielen Dank!

*nur solange der Vorrat reicht **nur innerhalb von Deutschland

Hinten im Buch findest du zudem ein Glossar, das die wichtigsten Begriffe rund im Bitcoin, Wallet und Co. für dich noch einmal kurz erklärt.

Kapitel 1:

Mind über Market – Die 90/10-Regel für Trader

Mit einem Rucksack voller Millionen in der Mall

Als ich endlich am vereinbarten Treffpunkt angekommen war, stand ich kurz davor, die Haustür meiner neuen Villa zum ersten Mal als Besitzer aufzuschließen – zumindest dachte ich das. Stattdessen landete ich in der nächsten Nervenprobe. Der Verkäufer hatte keine Ahnung gehabt, dass bei einer so großen Cash-Transaktion in Dubai vorab rund 5 Prozent Bearbeitungsgebühr fällig werden – natürlich ebenfalls in Cash. Sein Makler hatte ihn nicht aufgeklärt, und er weigerte sich nun kategorisch, diese Summe zu bezahlen.

Also saß ich mit meinem prall gefüllten Rucksack mitten in einer Mall. Um mich herum schlenderten Menschen mit Einkaufstüten, Kinder rannten lachend über die glänzenden Fliesen, Paare gingen essen – und ich hockte da mit 2,5 Millionen Dollar in Bargeld auf dem Schoß. Stundenlang. Je länger es dauerte, desto größer wurde meine Angst, dass der Deal am Ende doch noch platzen könnte.

Immer wieder dachte ich: Das darf doch nicht wahr sein! Ich hatte Krypto in Fiat getauscht, war dabei fast gescammt worden, hatte mit einem Rucksack voller Bargeld im Taxi gesessen – und jetzt drohte alles an einer Gebühr zu scheitern, von der der Verkäufer nichts gewusst hatte.

Erst gegen 22 Uhr gab er schließlich nach. Die Mitarbeiterin der Behörde, die längst Feierabend gehabt hätte, war geblieben und hatte mit uns gewartet, bis der Mann endlich einwilligte. Aber damit war die Odyssee noch immer nicht vorbei: Beim Geldzählen stellte sich heraus, dass nur eine kleine Maschine vorhanden war – groß genug für ein einziges Bündel. Und in meinem Rucksack lagen davon gefühlt Hunderte. Wir standen also noch eine Stunde nebeneinander und schoben Bündel um Bündel durch die Maschine, bis die Summe endlich bestätigt war.

Erst danach hielt ich die Schlüssel in der Hand. Ich war Besitzer einer Villa. Aber der Weg dahin war alles andere als ein Happy End gewesen – er war ein Lehrstück.

Dein Erfolg beim Trading beginnt im Kopf

Die Villa-Odyssee war kein Zufall, sondern ein Stresstest gewesen: Angst managen, Fokus halten, sauber entscheiden – genau diese Skills brauchst du an der Börse. Nicht der »perfekte Indikator« trennt Gewinner von Verlierern, sondern das, was du unter Druck denkst und tust.

Was du aus dieser Story mitnehmen sollst:

1. Klarheit unter Druck – kein Aktionismus, keine Panik
2. Disziplin statt Ego – Prozess vor Gefühl
3. Risikobewusstsein – ein Klick kann teuer sein

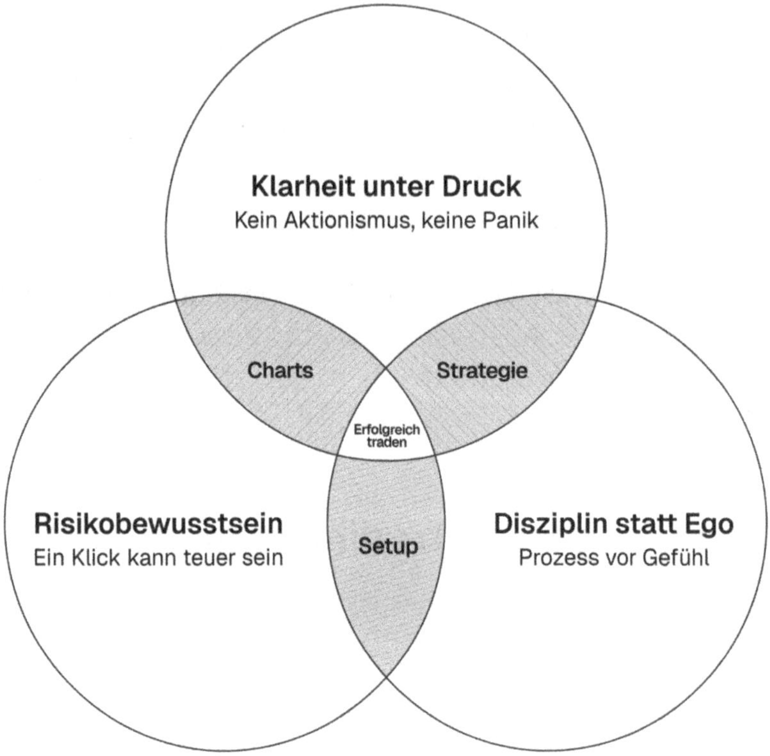

Darum lautet meine These: Mindset schlägt Methode. Charts, Strategien und Setups sind wichtig. Aber sie funktionieren nur, wenn auch dein Kopf funktioniert. Ich habe dir die Szene nicht erzählt, um anzugeben. Ich habe sie erzählt, weil sie offenlegt, was in kritischen Momenten wirklich zählt: nicht der schönste Chart, nicht das »geheime Setup«, sondern dein inneres Betriebssystem.

Wenn Mall, Millionen und Mitternacht dich nicht aus der Spur werfen, wird dich auch ein wilder Markt nicht zerlegen. Und wenn schon ein kleiner Gebührenstreit dein Nervenkostüm zu zerreißen imstande ist, wird es der nächste Drop an der Börse erst recht sein.

Ab hier steigen wir ein – und du wirst sehen, warum »Take Profit« versus »Stop Loss« viel weniger eine Chartfrage ist als eine Kopffrage.

Was viele nicht verstehen – oder vielleicht auch gar nicht verstehen wollen –, ist die Tatsache, dass dein Mindset zu 90 Prozent darüber entscheidet, ob du im Trading erfolgreich bist oder nicht. Die meisten denken, es reiche aus, ein paar bunte Kerzen im Chart zu analysieren oder fünf bis zehn verschiedene Indikatoren zu nutzen, und schon würden die Gewinne nur so sprudeln. Doch das ist schlicht ein Irrglaube.

Ich selbst habe am Anfang gedacht: »*Okay, ich habe hier drei, vier, fünf Indikatoren, die mir zeigen, wohin die Reise geht. Danach trade ich, das wird schon irgendwie laufen. Fällt der Kurs? Dann gehe ich einfach short. Steigt der Kurs? Perfekt, dann gehe ich in die Long-Position hinein.*«

Aber so läuft der Hase nun einmal nicht. Wer wie ich damals wie ein Gamer an die Sache herangeht und Trading wie ein Computerspiel behandelt, kommt irgendwann zu dem Punkt, an dem ihm die Börse die Zunge herausstreckt:

Game over.
New game?
Please insert coins.

Kein Scherz – ich war damals wirklich so drauf, habe genau so getradet: Ging der Kurs nach unten, habe ich geshortet, solange ich der Meinung war, der Kurs würde noch weiter sinken. Ich habe damals nicht einmal eine Minute in eine saubere Chartanalyse investiert. Natürlich ist klar, dass es neben den 90 Prozent Mindset auch 10 Prozent Fachwissen braucht. Aber ich ließ mich damals dermaßen stark von dem beeinflussen, was andere sagten oder taten, dass ich ihnen blind folgte, ohne lange zu überlegen, ob das, was die anderen machten, überhaupt Sinn ergab.

Exakt aus diesem Grund bin ich heute kein Fan von Copy Trading mehr, obwohl ich es, wie ich dir bereits erzählt habe, früher sogar selbst praktizierte – denn das bringt dich wirklich nicht weiter. Dein Mindset muss dich vielmehr dahin führen, zu verstehen, dass du das Ganze ausschließlich für dich selbst machst. Und genau an dieser Stelle kommt auch die Echtgeld-Thematik ins Spiel: Dir muss bewusst werden, dass dich ein einziger Klick zum falschen Zeitpunkt teuer zu stehen kommen kann. Machst du hier irgendeinen Fehler oder triffst du deine Entscheidung auf Basis einer vollkommen falschen Einschätzung, können sich Hunderte oder vielleicht sogar Tausende Dollar innerhalb von Sekunden oder Minuten in Luft auflösen. Dann ist dieses Geld weg. Und zwar *wirklich* weg!

Viel zu viele unterschätzen diese Tatsache völlig und denken, Trading sei easy going, quasi ein Spaziergang, und man würde dazu lediglich die »richtige Analyse« benötigen. Das größte Problem jedoch ist tatsächlich ein adäquates Mindset, das viele schlichtweg nicht mitbringen. Jeder Mensch tickt anders, jeder Mensch geht unterschiedlich mit seinen Emotionen und Gefühlen um, wenn es ums liebe Geld geht. Manche sind bereits ein wenig abgebrühter; sie nehmen einen Verlust von beispielsweise 200 Dollar achselzuckend zur Kenntnis und machen ungerührt weiter. Für andere geht gefühlt die Welt unter, wenn sie einen Betrag in dieser Höhe verlieren und sie versinken in Schockstarre.

Wie Verluste verarbeitet werden, hängt natürlich auch stark von der mentalen Stabilität und davon ab, welchen finanziellen Background jeder Einzelne hat beziehungsweise wie schnell ein solcher Verlust kompensiert werden kann. In welchen Teufelskreis man dabei geraten kann, darüber werde ich dir in einem späteren Kapitel noch ein wenig mehr erzählen.

Wenn du dich für den Weg des Tradings entscheidest, solltest du mit dir im Reinen sein und darfst auf die Frage »Will ich das wirklich machen?« keine Sekunde zögern. Die Antwort muss ohne jedes Zaudern eindeutig »Ja« lauten, denn dein künftiger Erfolg erfordert von dir 100 Prozent Commitment. Ein sehr, sehr großer Fehler, den viele an dieser Stelle begehen, besteht darin, halbherzig an das Traden heranzugehen. Eine Einstellung wie »Okay, schauen wir uns mal an, was die nächsten zwei, drei Wochen so bringen« befördert dich garantiert ins Aus.

Natürlich wird am Anfang nicht alles nach Wunsch verlaufen, aber bereits hier ist das richtige Mindset entscheidend, denn der eine oder andere Trade kann und wird schiefgehen. Es wird mit Sicherheit zu manchen negativen Erfahrungen kommen. Doch gerade in den ersten zwei, drei, vier Monaten ist das völlig normal. Es ist noch kein Meister vom Himmel gefallen. Kein Mechanikerlehrling zerlegt im ersten Halbjahr seiner Ausbildung einen Formel-1-Motor, um ihn danach wieder perfekt zusammenzubauen. Und kein Tischlerlehrling zimmert nach drei, vier Monaten eine komplette Wohnungseinrichtung aus Mahagoni oder Ebenholz.

Genauso ist es auch beim Trading. Du musst dieses Handwerk – denn nichts Geringeres ist es – von der Pike auf erlernen, und dein Mindset ist dabei ein zentraler Baustein. Wie ich bereits gesagt habe: 90 Prozent aller Menschen, die traden, verlieren zum Teil sehr viel Geld, weil sie ohne das richtige Mindset starten, sie zu schnell aufgeben oder sich ablenken lassen, sie sich von ihrem (Bauch-)Gefühl leiten lassen oder ihre Emotionen so stark überhandnehmen, dass sie gravierende Fehlentscheidungen treffen und sich zu falschen Investments hinreißen lassen.

Was mich persönlich immer wieder verwundert, sind Menschen, die nach wie vor an ihrem Glauben festhalten, mit Altcoins (= alternative Coins) reich werden zu können. Unter diesem Begriff werden sämtliche Kryptowährungen zusammengefasst, die nach dem Bitcoin, also nach 2009, auf dem Markt aufgetaucht sind. Dass man damit viel Geld verdienen konnte, mag vielleicht vor fünf oder sechs Jahren der Fall gewesen sein, doch mittlerweile gibt es Tausende verschiedene Coins da draußen. Zugegeben, die Allzeit-Top-10 haben in der Vergangenheit richtig gut performt. Heutzutage kann jedoch so gut wie jeder mit ein bisschen Computerwissen und technischem Know-how innerhalb von ein paar Minuten einen neuen Coin kreieren und ihn auf den Markt werfen.

Richtiggehend absurd wird es beim Thema Meme Coins. Viele glauben ernsthaft, sie könnten aus 1.000 Dollar 20 Millionen machen. Das Problem dabei: In den sozialen Medien werden immer wieder Erfolgsgeschichten proklamiert, falls jemandem so etwas tatsächlich einmal gelungen ist. Wovon allerdings nie berichtet wird, sind die Geschichten von Hunderttausenden Misserfolgen derjenigen, die das Gleiche versucht haben, jedoch gescheitert sind. Und auch hier zeigt sich wiederum, wie gefährlich Emotionen und falsche Erwartungen sein können: Die Menschen lassen sich von der Verlockung gigantischer Gewinne verführen, investieren Tausende Euros in einen Meme Coin – und wenn sich ihre Hoffnungen nicht erfüllen und das Geld weg ist, kommt das große Heulen. Aber solange sich das Märchen von den Altcoins als Goldgrube hartnäckig hält, werden zahllose Menschen auch weiterhin viel Geld verlieren.

Natürlich lässt sich nicht bestreiten, dass die Gewinne prozentual deutlich höher ausfallen können, wenn Altcoins richtig anziehen, als wenn man die gleiche Summe »nur« in Bitcoin investiert. Aber hier kommt wieder der psychologische Faktor zum Tragen: Wenn man beispielsweise Bitcoin für 1.000 Dollar kauft, bekommt man heute (Stand: August 2025) ungefähr 0,0095 BTC. Investiert man hingegen den gleichen Betrag in irgendeinen Meme Coin oder in XRP, bekommt man dafür 600 Coins oder 6.000 Coins oder vielleicht sogar 600.000 Coins. Und genau dann beginnt das Kopfkino: »Krass, 600.000 Coins! Wenn der jetzt auf einen Dollar hochgeht, mache ich 600.000 Dollar Gewinn!« Das Problem, das dabei kaum jemand bedenkt: Sollte dieser Coin tatsächlich auf einen derartig hohen Kurs klettern, läge seine Marktkapitalisierung deutlich über jener von Bitcoin – und das ist, bei aller Liebe, ein mehr als unrealistisches Szenario.

Trotzdem hängen viele noch in dieser Bubble fest und träumen: »Cool, ich gehe da jetzt rein … und übermorgen steht der neue Lambo vor der Tür.« Klar, ein bisschen träumen ist erlaubt – zumindest solange es nicht die eigene Geldbörse ruiniert. Aber für viele endet genau das sehr bitter. Aus diesem Grund sprechen wir in unserem Team diese Thematik gefühlt jeden Tag aufs Neue an. Und ich werde nicht müde, unserer Community damit immer und immer wieder auf die Nerven zu gehen, selbst wenn manche es vielleicht schon gar nicht mehr hören können. Trotzdem bleibe ich dabei, denn ich bin optimistisch genug, darauf zu vertrauen, dass meine Worte irgendwann einmal fruchten.

Warum ich in diesem Punkt so hartnäckig bin? Ganz einfach: Ich hatte bedauerlicherweise selbst keinen Mentor, der mich an die Hand nahm, mich leitete und mich vor vermeidbaren Fehlern bewahrte. Ich war zur Gänze auf mich allein gestellt, musste mir alles selbst erarbeiten und mich auch mit der Thematik Mindset auseinandersetzen. Heute versuche ich, anderen genau das zu geben, was ich damals gebraucht hätte: Orientierung und Warnungen vor vermeidbaren Stolperfallen.

Das Entscheidende dabei: Als Trader musst du vorausschauend agieren. Heute machen wir darauf aufmerksam, prognostizieren, wie der weitere Kursverlauf in etwa aussehen wird, wenn der Kurs sich aktuell in diese oder jene Richtung bewegt. Warum? Weil sehr viele anders denken und wir daher genau das Gegenteil davon machen. Denn während viele erst aufspringen, nachdem der Zug bereits losgefahren ist, solltest du eigentlich schon längst im Waggon sitzen. Die große Herausforderung ist und bleibt, den richtigen Zeitpunkt für den Einstieg zu finden. Mit anderen Worten: Wenn FOMO die Masse dazu bringt, einzusteigen, solltest du bereits investiert sein. Der Masse immer einen Schritt voraus zu sein, ist sozusagen die Kunst des erfolgreichen Tradings.

2020 war ich davon allerdings noch sehr weit entfernt. Zwar war ich damals bereits leicht profitabel unterwegs, aber wir sprechen hier von niedrigen dreistelligen Beträgen. Die Wohnungsmiete hätte ich mir davon nicht leisten können. Nichtsdestotrotz ließ ich nicht locker und stellte mir immer und immer wieder die gleiche Frage:

Warum gibt es da draußen nur einen ganz kleinen Prozentsatz von Tradern, die es schaffen?

Es heißt, dass nicht weniger als 99 Prozent der Trader Geld verlieren und lediglich 1 Prozent den Durchbruch schafft. Warum also konnte ich nicht zu diesem 1 Prozent gehören? Was war deren Geheimnis?

Ein wesentliches Kriterium war sicherlich Fleiß, also kniete ich mich noch tiefer in die Materie hinein. Ein weiterer Aspekt war die emotionale Distanz oder vielleicht besser: die Fähigkeit, meine Emotionen beim Traden auszublenden. Das lernt man allerdings nicht von heute auf morgen, sondern es entwickelt sich erst nach einer gewissen Zeit. Ich selbst bemerkte nach ungefähr eineinhalb bis zwei Jahren, dass es mir irgendwann wirklich vollkommen egal war, wenn ein Trade in einen Stop Loss lief. Ab diesem Zeitpunkt konnte ich völlig emotionslos zu mir selbst sagen: »Pech gehabt. Was zunächst nach einem guten Einstieg ausgesehen hat, ist leider genau in die Gegenrichtung gelaufen. Schwamm drüber.« Während andere sich in solchen Fällen noch ewig mit Vorwürfen regelrecht überschütten – »Hätte ich doch nur dies oder das gemacht« oder »Hätte ich doch anders reagiert« und immer nur »Hätte … hätte … hätte …« –, ist das Thema für mich dann erledigt. Aus den Augen, aus dem Sinn. Oder wie ein guter Freund von mir zu sagen pflegt: »Hätte … hätte … Blockchainkette.«

Ganz egal, wie viel und wie oft man sich selbst dafür tadelt – letzten Endes kann man die Vergangenheit nicht ändern, sondern lediglich dafür sorgen, dass der nächste Trade einen besseren Ausgang nimmt. Viele zweifeln plötzlich an ihren Fähigkeiten oder an dem, was sie gelernt haben, wenn einmal zwei oder drei Trades in Folge in einen Stop Loss laufen. Dann beginnen sie, ihre Trading-Strategie, ihr gesamtes System, ja sogar ihr ganzes Leben zu hinterfragen, und vergessen dabei, dass es vielleicht im Monat davor zwei oder drei Wochen lang kontinuierlich wunderbar funktioniert hat. Warum also sollte es nach diesem kleinen Rückschlag nicht in den nächsten zwei, drei Wochen wieder genauso gut funktionieren?

Obwohl ich mittlerweile schon einige Jahre in diesem Geschäft tätig bin, überrascht es mich doch immer wieder, wie schnell sich manche Trader demotivieren und entmutigen lassen, wenn es mal nicht gut läuft. Dann beginnen sie, an ihren eigenen Fähigkeiten zu zweifeln, oder vertrauen ihren Grundlagenkenntnissen nicht mehr – selbst dann, wenn sie schon tolle Erfolge damit erzielen konnten.

Und genau hier zeigt sich: Dein Mindset im Trading hängt eng mit deinem Mindset im Leben zusammen. Was erwartest du von deinem Leben? Wo willst du in fünf oder zehn Jahren stehen?

Wirst du dann immer noch im Hamsterrad vor dich hin trotten, nur eine Nummer oder Kostenstelle bei deinem Arbeitgeber sein und dort versauern? Oder versuchst du einfach mal, aus dem System, das dich kleinhalten möchte, auszubrechen? Solange du generell unzufrieden bist, deinen Job hasst und nichts an dieser Situation änderst, wirst du auch im Trading kaum erfolgreich sein. Man muss es aussprechen: Ein instabiles Leben führt oftmals zu instabilem Trading. Je klarer und strukturierter hingegen dein Alltag verläuft, desto klarer und disziplinierter wirst du an der Börse handeln.

Ich sehe es täglich: Fehler – wirklich gravierende Fehler – haben ihre Ursache oft im privaten Umfeld: Streit mit dem Partner oder der Partnerin, Schlafmangel durch ein Neugeborenes, Stress im Job, Ärger mit dem pubertierenden Nachwuchs, Probleme mit Bekannten oder Verwandten, gesundheitliche Herausforderungen und so weiter und so fort. Alles das schlägt sich in der ein oder anderen Form negativ auf das Verhalten bei den Trades nieder. Deshalb habe ich für mich eine klare Regel aufgestellt: Wenn ich persönlich aus irgendeinem Grund unter Stress stehe, mein Kopf voller unruhiger Gedanken ist oder ich zum Beispiel gerade sehr viele Termine wahrzunehmen habe, dann lege ich in solchen Phasen bewusst Pausen ein, manchmal zwei oder drei Wochen, in denen ich keinen einzigen Trade setze, sondern mich auf andere Projekte oder mein Privatleben konzentriere. In solchen Zeiten habe ich für das Trading einfach keinen Kopf. Viele jedoch zwingen sich leider oftmals dazu, trotzdem weiterzumachen. Sie wollen (oder müssen) Geld erwirtschaften und machen deshalb Fehler, weil sie glauben, sie müssten »am Ball bleiben«, um nur ja keinen vielversprechenden Trade zu verpassen.

In Wahrheit jedoch versäumst du außer vielleicht ein paar Kursbewegungen gar nichts, gerade weil der Bitcoin eben so volatil ist. Bitcoin tradet 24/7/365, und uns als Tradern ist es dabei vollkommen egal, ob der Kurs gerade bei 100.000 Dollar oder lediglich bei 20.000 Dollar steht. Wir wollen nur die Volatilität sehen, und diese ist bei Bitcoin immer gegeben. Du hast einen Move verpasst? Kein Problem. Die nächste Gelegenheit für einen guten Einstieg kommt bestimmt.

Genau das versuche ich all jenen zu vermitteln, die sich für die Materie interessieren. Dennoch lassen sich auch weiterhin viele von ihren Emotionen treiben. Vor einiger Zeit stieg der BTC-Kurs über Nacht um 4.000 Dollar, und am nächsten Morgen brach auf unserem Discord-Server Panik aus: »Ich hab den Einstieg verpasst!« – »Wieso habt ihr keine Trades eröffnet?« – »Warum dies, wieso das?« …

Solche Nachrichten lese ich ständig. Meine Antwort darauf ist immer dieselbe: »Ruhe bewahren, Leute. Locker bleiben. Jetzt heißt es, sich in Geduld zu üben und auf eine neue Einstiegsmöglichkeit zu warten. Die nächste Chance wird kommen. Großes Pfadfinderehrenwort.«

Auch hier erkennt man wieder, wie Mindset und Emotionen mit manchen durchgehen können. Ein kurzer Blick auf den Kursverlauf, der gerade stark angezogen hat, und sofort kommt diese verdammte Angst hoch, irgendetwas verpasst zu haben. Dann setzt die Vernunft aus und es entstehen Fehler. In der Überzeugung, dass auf einen Höhenflug ein baldiger Absturz folgen wird, werden überhastete Entscheidungen getroffen, Short-Positionen am falschen Punkt aufgemacht, um zumindest die Gegenbewegung mitnehmen zu können und somit auf diese Weise Profit zu erwirtschaften. Und der Bitcoin? Steigt weiter, stoppt sie aus ihrem Trade raus und geht erst dann nach unten. Wären sie erst hier eingestiegen, hätte alles wunderbar funktioniert. Hat es aber nicht. Das sind typische Situationen, ausgelöst durch emotional getriebene Mindset-Fehler, die ich fast jeden Tag beobachte: »Ich muss jetzt einsteigen!« – »Ich muss jetzt traden!« – »Ich muss jetzt irgendetwas machen.« So etwas geht dann auch gerne mal nach hinten los.

Das richtige Mindset bedeutet: Akzeptieren, wenn man eine Bewegung verpasst hat. Ruhe bewahren. Abwarten. Sich in Disziplin üben. Der Markt bestraft fast immer diejenigen, die emotional handeln. Man muss mit Verlusten, die schlichtweg nicht zu vermeiden sind, abschließen können und sich sofort wieder auf seine ursprüngliche Strategie fokussieren.

Wenn ich eine solche Bewegung sehe, ruft das in mir vielleicht Erstaunen hervor, aber ich mache zunächst einmal gar nichts. Im Endeffekt bin ich ein Hodl-Investor. Das bedeutet, ich verfolge eine langfristige Anlagestrategie und halte meine digitalen Vermögenswerte, unabhängig von kurzfristigen Preisschwankungen, über einen längeren Zeitraum. Ich setze auf entsprechend langfristige Wertsteigerungen, habe die Coins auf meinem Ledger und profitiere davon, wenn der Kurs nach oben geht. Deshalb sollte im Grunde jeder Hodl-Investor glücklich darüber sein, wenn der Kurs im Steigen begriffen ist.

Im Endeffekt kann ich den Leuten nur sagen, was ich selbst gerade mache. Viele versuchen, sich an meinem Verhalten und meiner Vorgehensweise auszurichten, sich das eine oder andere abzuschauen oder mich zu kopieren. Aber auch ich bin selbstverständlich nicht unfehlbar. Ich erinnere mich an einige Morgen-Calls, als ich durch zwei missglückte Ethereum-Trades insgesamt knapp 150.000 Dollar verloren hatte und gefragt wurde, wie ich den Verlust einer solch hohen Summe verkraften konnte. Ja, es war ein schmerzlicher Verlust, auch wenn aufgrund meines Portfolios mittlerweile ganz andere Summen im Spiel sind als bei den meisten anderen. Aber ich habe meine Lektion gelernt und seither nie wieder Ethereum getradet. Wir werden in diesem Leben keine Freunde mehr werden. Punkt.

Es ist immens wichtig, dich in solchen Situationen nicht selbst unter Druck zu setzen. Wenn du versuchst, nach einem missglückten Trade irgendetwas zu erzwingen, um den Verlust so rasch wie möglich wieder auszugleichen, kannst du dich schlimmstenfalls ganz schnell in einer Teufelsspirale wiederfinden, die schon viele Trader ruiniert hat. Glaub mir, ich weiß aus eigener schmerzlicher Erfahrung, wovon ich hier spreche. Ich habe es im Forex-Trading selbst erlebt und war in einer solchen gefangen, schoss mehr und mehr Geld nach, weil ich dachte, ich müsste meine Verluste zurückholen. Am Ende war alles fort.

Oft hilft es nach einem größeren Verlust, ein paar Tage oder eine Woche zu pausieren, den Laptop zuzuklappen, sich auf seine Familie, seine Freunde, seinen Job zu fokussieren, Sport zu treiben, seinen Hobbys nachzugehen und sich einfach mal wieder nur auf sein Leben abseits von Börse und Chartanalysen zu konzentrieren. Sobald man im »normalen« Leben wieder zur eigenen Balance zurückgefunden hat, startet man neu durch.

Du darfst keinesfalls unterschätzen, wie stark sich Misserfolge und Rückschläge beim Traden auf dein Privatleben auswirken können. Ich habe es selbst erlebt. Ich sprach damals mit niemandem über meine Verluste, weil ich dachte, ich müsste allein damit klarkommen. Aber natürlich merkten andere, dass ich die ganze Zeit über schlecht drauf war, kaum mehr etwas sprach, weil mir ständig nur noch im Kopf herumgeisterte: *Verdammt, wie hole ich das Geld wieder rein? Wie hole ich das Geld wieder rein?* So etwas überträgt sich unweigerlich auf das private Leben, und im schlimmsten Fall können Beziehungen daran zerbrechen. Zum Glück ist mir das selbst erspart geblieben, aber in unserer Community höre ich sehr oft zum Teil wirklich schlimme Geschichten.

Wir leben in einer spannenden Zeit mit vielen Chancen. Trading ist kein Casino, sondern eine mentale Herausforderung. Wer erfolgreich sein möchte, lernt ständig dazu und bleibt diszipliniert – genau das macht den feinen Unterschied.

Am Ende entscheidet dein Kopf, ob du dranbleibst oder dich von Emotionen wegfegen lässt.

Und jetzt zur Basis, die dir diesen Kopf frei hält: die Grundlagen. Warum Märkte nach jedem Sturz wiederkommen. Und wie du daraus planbar profitierst.

Key Facts Kapitel 1 – Mind über Market

- **90/10-Regel: 90 Prozent Trading-Erfolg sind Mindset, nur 10 Prozent sind Technik.**
- **Kopf schlägt Chart - Disziplin, Fokus und Geduld entscheiden mehr als Indikatoren.**
- **Emotionen sind der wahre Gegner: Angst, Gier und Ego zerstören Setups schneller als jede Marktbewegung.**
- **»Game over« vermeiden: Wer Trading wie ein Computerspiel behandelt, verliert. Wer es wie ein Handwerk lernt, bleibt im Spiel.**

Kapitel 2:

Grundgesetze des Tradings

Die Märkte kommen immer wieder zurück

Dezember 2020. Bullrun. Ein Freund von mir verbrachte ein paar Tage in Österreich inmitten einer traumhaften Kulisse: Berge, Sonne, klare Luft. Doch sein Blick galt an diesem Morgen nicht dem Panorama, sondern seinem Handy. Dort sah er nur eines: eine rote Kerze, die immer länger wurde und sein Geld, das er angelegt hatte, schrumpfen ließ.

Er hatte zuvor in allerlei kleine Altcoins investiert – »Shitcoins«, wie er sie später selbst bezeichnete – in der Hoffnung, am Peak alles zu verkaufen und den Gewinn mitzunehmen. Stattdessen musste er nun fassungslos zusehen, wie seine gesamte Investition in wenigen Stunden dahinschmolz.

»Ich starrte die rote Kerze an«, erzählte er mir später. »Runter, immer weiter runter. Am nächsten Tag genau dasselbe.«

Irgendwann konnte er es nicht mehr ertragen, schleuderte sein Handy gegen die Wand – kaputtes Display, leeres Konto. Doch die eigentliche Erkenntnis kam erst später: Er war nicht Opfer des Marktes geworden, sondern seiner eigenen Überheblichkeit und seinem Leverage erlegen.

Ein Crash ist kein Weltuntergang – nur ein Zwischenstopp

Kennst du dieses Gefühl, wenn der Markt nach unten rauscht und du denkst, alles falsch gemacht und deinen Trade in den Sand gesetzt zu haben, weil du nicht rechtzeitig ausgestiegen bist? Dann schießen dir Gedanken durch den Kopf wie: »Ach du Schande, warum habe ich bloß so viel investiert? Ich hätte es doch eigentlich besser wissen müssen. Ich hätte zumindest ahnen können, dass das nicht funktionieren wird.«

Der Punkt ist jedoch: Der Markt kommt nach jedem Crash immer wieder zurück – nicht nur ein Mal oder zwei Mal, sondern immer und immer wieder. Die Momente, in denen alles den Bach runtergeht, sind eigentlich jene Moment, kurz bevor es wieder richtig steil nach oben gehen kann. Lass es eine Woche dauern oder zwei Monate oder vielleicht auch mal ein halbes Jahr – die Märkte kommen zurück. Immer. Ohne Ausnahme.

Du brauchst dir nur den Markt der vergangenen fünf, sechs Jahre mit seinen zahlreichen Mini-Crashes und Downtrends ansehen, in denen es auch mal 20 Prozent oder mehr nach unten ging und viele dachten: »Jetzt ist alles vorbei.« Solche krassen Situationen hatten wir wohl sicherlich zehn Mal oder vielleicht sogar noch öfter. Und was ist passiert? Die Märkte sind zurückgekommen.

Hast du dir schon einmal den Kursverlauf von Bitcoin näher angesehen, der gegenwärtig eines der stärksten Investments der Welt darstellt? Wer vor ein paar Jahren eingestiegen ist, verzeichnet heute ein sattes Plus, und zwar ganz egal, zu welchem Zeitpunkt sein Einstieg damals stattgefunden hat. In der Chart-History von Bitcoin findest du etliche krasse Abstürze. Ich weiß nicht, ob sich jemand schon einmal die Mühe gemacht hat, zu zählen, wie viele derartige Downtrends es seit der Einführung dieser Kryptowährung gab – und wie viele entsprechende Uptrends der Kurs danach verzeichnete. Und wo stehen wir heute? Das einzige Szenario, bei dem du aktuell (Stand: Ende August 2025) im Minus sein könntest, wäre ein Einstieg rund um das bisherige All-Time-High mit über 100.000 US-Dollar in den vergangenen eineinhalb Monaten gewesen.

Aber klar ist auch: Wenn du dich gerade mitten in einer Situation befindest, in der du hilflos mitansehen musst, wie dein investiertes Kapital mehr und mehr zusammenschrumpft, denkst du nicht unbedingt an den nächsten Höhenflug …

Als mein Freund sich wieder einigermaßen gefangen hatte, wurde ihm eines bewusst und er verstand: Genauso, wie er schuld daran war, dass er jetzt ein kaputtes Handy sein Eigen nennen durfte, war er auch daran schuld gewesen, dass er seine Investition in den Sand gesetzt hatte. Er war schlicht und einfach overleveraged gewesen.

Viele sagen sich dann: »Das war jetzt richtig dumm von mir. So einen Scheiß mache ich nie wieder.« Doch das ist genau das Gleiche, wenn die Leute nach einer wilden Nacht am nächsten Tag mit einem gewaltigen Brummschädel aufwachen und sich sagen: »Nie wieder Alkohol, nie wieder ein Kater am Sonntagmorgen.«

Warum der Ausstieg so schwierig ist

Wenn mein Freund also von sich gedacht hatte, aus Schaden klug geworden zu sein – Fehlanzeige. Es blieb nicht bei dieser einen Episode, sondern in den Jahren danach fand er sich tatsächlich noch zwei-, dreimal in genau der gleichen Situation wieder: Sobald die Kurse nach oben gingen, machte er mit und sagte sich: »Jetzt geht es wieder los – aber diesmal passiert mir der gleiche Fehler nicht noch einmal, denn ich werde rechtzeitig aussteigen.« Und dann kam dieser innere Drang – nicht Gier, sondern die Befürchtung, die Position vielleicht doch zu früh zu schließen und sich später darüber ärgern zu müssen, eventuell überhastet ausgestiegen zu sein und dadurch den ein oder anderen Gewinn nicht mitgenommen zu haben.

Die entscheidende Frage, die sich jeder Trader in einer solchen Situation immer wieder stellen muss, lautet: *Wann ist der richtige Zeitpunkt für einen Ausstieg gekommen?* Was Außenstehende oft nicht verstehen wollen und vielleicht auch gar nicht verstehen können, weil sie niemals in einer ähnlichen Lage waren: Wenn man selbst in einer solchen Situation ist, gibt es den richtigen Zeitpunkt nicht – aus dem einfachen Grund, weil man ihn nicht vorhersehen kann.

Irgendwann hatte mein Freund dann tatsächlich eine Erkenntnis, eine Erleuchtung, die ihn in eine Art »Warren-Buffett-Mood« versetzte. Er hatte endlich verstanden, dass so etwas ständig passiert. Es ist ein unregulierter Markt, und hinter vielen Bewegungen stecken die sogenannten »Market Maker«, die den Markt nach unten treiben, um zu kaufen, und ihn dann wieder nach oben pushen, um zu verkaufen. Man kann alle diese Bewegungen sehen, vor allem die großen.

Antizyklisches Investieren

Apropos Warren Buffett … Der wohl bekannteste und erfolgreichste Großinvestor weltweit meinte einst: »*Sei gierig, wenn die anderen ängstlich sind. Sei ängstlich, wenn alle gierig sind.*« Damit sprach er das Thema des antizyklischen Investierens an.

In dieselbe Kerbe schlägt der sogenannte Fear and Greed Index, ein Finanzindikator, der auf der Analyse verschiedener Marktdaten wie Markt-Momentum, Volatilität, Handelsvolumen oder dem Verhältnis von Put- zu Call-Optionen basiert und die aktuelle Marktstimmung misst. Auf einer Skala von 0 bis 100 können sich Anleger darüber informieren, ob der Markt gerade von Angst (Fear) oder Gier (Greed) dominiert wird: Ein Wert nahe 0 zeigt extreme Angst an, was auf potenzielle Kaufgelegenheiten hindeuten kann. Werte nahe 100 hingegen könnten auf extreme Gier hinweisen und damit eventuell eine Marktüberhitzung ankündigen.

Im Prinzip ist es übrigens nicht nur ein unregulierter, sondern auch ein sehr unprofessioneller Markt, bei dem es mal rauf und mal runter geht. Am Ende des Tages laufen die Kurse dann aber doch tendenziell in eine Richtung, schließlich möchte jeder, dass es im laufenden Spiel immer weiter nach oben geht. Das Problem dabei ist, dass es externe Faktoren sind, die den Markt nach unten treiben.

Ich weiß noch genau, wie die Coronakrise den Bitcoin auf etwa 4.500 Dollar drückte, was vollkommen absurd war, doch die meisten ließen sich diese großartige Chance entgehen, indem sie nicht kauften. Weitere Faktoren sind Kriege oder bewaffnete Auseinandersetzungen – man braucht sich nur die derzeitigen Konfliktherde in der Ukraine, im Gazastreifen, im Sudan oder in Syrien anschauen. Solche Situationen lösen bei vielen Menschen enorme Ängste aus.

Dass man im Trading nicht immer nur Gewinne einfahren kann, sondern hin und wieder auch kleinere oder größere Verluste hinnehmen muss, gehört zum Daily Business eines Traders. Wenn es also einmal nach unten geht, darf man in diesem Moment kein Bedauern fühlen, sondern muss sich sagen: »Klar passiert das, denn es passiert die ganze Zeit über, und diese Momente lassen sich nun einmal nicht timen.« Aber als Trader, der erfolgreich werden will, musst du das aushalten und jederzeit bereit sein, um danach von der anderen Bewegung massiv zu profitieren.

Du musst den richtigen Zeitpunkt abschätzen, wenn der Boden erreicht ist, und dann wieder reingehen und nachkaufen, denn das sind die Momente, in denen Geld verdient wird. Man kann hierfür jederzeit auf historische Daten zurückgreifen. Wann wurde Geld verdient? Eigentlich immer bei den Dips oder wenn man bei guten Downtrends mit dem richtigen Timing eingestiegen ist.

Wie du Verluste möglichst kleinhältst und im Optimalfall vielleicht sogar ganz vermeiden kannst, werde ich dir in einem späteren Abschnitt anhand der 3:1-Regel erklären (vgl. Kapitel 6). Ein entscheidendes Kriterium beim Traden ist nicht zuletzt, dass man von Anfang an nur mit jenem Kapital einsteigt, dessen möglichen Verlust man gegebenenfalls verschmerzen kann. Auch über dieses Thema werden wir uns im Kapitel über das Risikomanagement noch genauer unterhalten.

Ist man in einen Verlust-Trade gelaufen, bedeutet das nicht das Ende der Welt. Ja, zugegeben, Tempo und Momentum werden wahrscheinlich für einige Zeit vom Tisch sein – aber es kommt alles immer wieder zurück. Man muss neu investieren, aber man muss natürlich auch dazu in der Lage sein und entsprechend vorsichtiger vorgehen. Und man darf niemals overleveraged sein! Wenn man Coins gekauft hat, wird deren Wert mal steigen und mal fallen. Ist man aber in einem offenen, gehebelten Trade geblieben, dann gehören einem keine Coins. Und wenn man rausgeschmissen wird, weil man overleveraged war, fällt man auf null zurück und das Geld ist weg. In diesem Moment hat man wirklich verkackt und alles verloren.

In den verschiedenen Marktphasen gibt es immer wieder Chancen in der einen und Risiken in der anderen Richtung. Ein essenzieller Aspekt ist, zwischendurch Gewinne mitzunehmen – und zwar regelmäßig! Den ein oder anderen Gewinn zu verpassen, ist übrigens bei Weitem nicht so schlimm, wie Geld zu verlieren. Die Regel »Never lose money!« stammt ebenfalls von Warren Buffett, und man sollte sie sich sehr zu Herzen nehmen.

Marktzyklus

Bevor wir nun tiefer in die Grundlagen von Investment und Daytrading eintauchen und uns mit den verschiedenen Marktphasen befassen, möchte ich noch ein paar Worte zu Themen verlieren, die unsere Branche nicht nur aktuell zum Teil stark durchrütteln, sondern uns sicherlich auch noch eine Weile begleiten werden. Die bereits angesprochenen Ups und Downs sind eng mit wirtschaftlichen und makroökonomischen Entwicklungen verbunden, die sich unmittelbar auf die Börse auswirken und immer in Zyklen auftreten. Auf zwei, drei Jahre der florierenden Wirtschaft und steigender Aktienkurse, in denen es steil bergauf geht, der Wirtschaftsmotor zufrieden brummt, die Menschen positiv gestimmt sind und fleißig investiert wird, folgt meist eine Phase, in der plötzlich alles bergab zu gehen scheint.

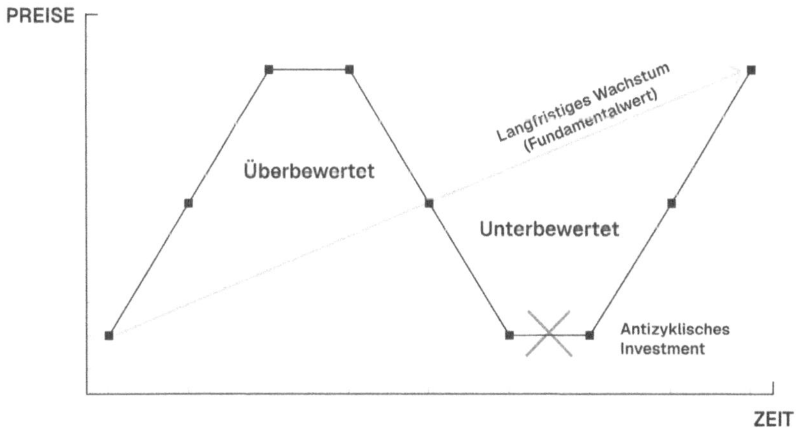

Auch der Börsencrash 2025, ausgelöst durch die erratische Zollpolitik von US-Präsident Donald Trump, war letzten Endes nichts wirklich Weltbewegendes, wie man vielleicht im ersten Moment hätte glauben können, sondern lediglich ein weiteres Glied in dieser Kette. Zwar war er in dieser Form nicht vorhersehbar gewesen, doch Teil des immer wiederkehrenden Zyklus. Aktuell (Stand: August 2025) erleben wir sogar eine leicht antizyklische Phase, weil die Entwicklung in den USA in erster Linie durch Trumps Politik und die Nachrichtenlage beeinflusst wird. Wäre Trump bei der letzten Wahl im Jahr 2024 nicht erneut ins Amt gewählt worden, hätte sich das Bild vermutlich komplett anders dargestellt. Vielleicht wären die Kurse zunächst noch etwas nach oben gestiegen, dafür aber wäre es im Anschluss höchstwahrscheinlich zu einem heftigen Bärenmarkt gekommen. Der Zyklus hätte sich also auch dann noch fortgesetzt, nur eben mit einem anderen Verlauf.

Was wir heute sehen und erleben, ist sehr viel Bewegung, ausgelöst durch den 47. US-Präsidenten, seine Präsenz, seine Persönlichkeit und auch seine Emotionalität. Trumps Botschaft war von Anfang an klar und unmissverständlich: »America first! Make America great again!« – koste es den Rest der Welt, was es wolle. Und wenn andere nicht nach seiner Pfeife tanzen, dann wird einfach weiter und noch stärker mit der Zollkeule gedroht.

Solche Themen und außerzyklischen Ereignisse werden uns immer wieder begegnen. So war es auch im April 2025, als ein weiterer Crash ausgelöst wurde und die Kursverläufe vorübergehend steil nach unten zeigten. Dazu ist überdies zu sagen, dass dieser Absturz auf demselben Niveau und in derselben Härte stattfand, wie wir dies bereits ein paar Jahre zuvor beim Covid-Crash erlebt hatten.

Denn auch der Börsenrückgang im Zusammenhang mit der Ausbreitung des Coronavirus war im Grunde nichts anderes als die mehr oder weniger logische Reaktion auf die Berichterstattung über die damals angespannte Weltsituation gewesen.

Das Jahr 2025 gleicht rückblickend einer emotionalen Achterbahnfahrt. Viele Menschen hatten große Hoffnungen auf den Gewinner der US-Wahl 2024 gesetzt und skandierten lautstark: »Donald Trump ist unser Krypto-Präsident! Unter ihm werden wir den absolut größten Bullrun der Geschichte erleben.« Ich selbst vertrat allerdings bereits damals die Meinung, dass Trump für uns vielleicht gut sein mochte – aber wenn, dann wahrscheinlich eher langfristig über die nächsten zwei, drei Jahre oder vielleicht in den letzten Jahren seiner Präsidentschaft, jedoch ganz bestimmt nicht kurzfristig. Und genauso kam es dann auch.

Die Euphorie war zunächst riesig, und der Bitcoin knackte im Januar 2025 die 100.000-Dollar-Marke. Es gab einen starken Run nach oben, doch die Ernüchterung folgte auf dem Fuß, weil die meisten etwas ganz anderes erwartet hatten. Viele waren der irrigen Meinung gewesen, Trump würde bei seiner Amtsantrittsrede auf Bitcoin und dergleichen zu sprechen kommen. Als das ausblieb, reagierte der Markt prompt: Es kam zu einer kurzfristigen 10.000-Dollar-Korrektur, und danach ging es wieder nach unten.

Im April, an einem Wochenende in der Nacht von Samstag auf Sonntag, kündigte Donald Trump Strafzölle auf Importe in die Vereinigten Staaten von Amerika an. Die Märkte crashten ins Bodenlose, der Bitcoin fiel mit knapp unter 70.000 Dollar kurzfristig auf seinen Tiefststand in diesem Jahr, der traditionelle

Markt rauschte abwärts. Die Unsicherheit war groß, alle warteten gespannt, was als nächste Maßnahme folgen würde und wie China oder die EU darauf reagieren würden.

Das Spannende an der gesamten Situation war allerdings die Beobachtung, dass der Handelskrieg zwischen China und den Vereinigten Staaten auf den Bitcoin nicht mehr denselben Einfluss hatte, wie noch in der Marktphase zwischen Mitte 2024 und dem Jahreswechsel 2024/2025. Hätten wir diese Strafzölle in dreistelliger Höhe, mit denen Trump China belegte, vor ungefähr zwei Monaten erlebt, wäre der Bitcoin wahrscheinlich auf 60.000 Dollar (oder möglicherweise sogar noch tiefer) gefallen.

Das zeigt sehr deutlich, wie Marktpsychologie funktioniert: Am Anfang einer solchen Entwicklung reagieren die meisten panisch, sind geschockt, die Märkte crashen und die Kurse stürzen ab. Aber genau in solchen Phasen nutzen die großen Marktteilnehmer, die sogenannten »Big Player«, diesen Drop gezielt für eigene Einstiege. Kleinere Anleger hingegen bleiben noch länger in ihrer Bubble hängen, als könnten sie es gar nicht abwarten, dass sich ihre Befürchtungen bestätigen und die Kurse noch weiter fallen.

Inzwischen (Stand: August 2025) ist der BTC-Kurs neuerlich über mehrere Tage hinweg auf über 100.000 Dollar gestiegen, und eigenartigerweise scheinen die Nachwirkungen rund um die Ereignisse vom April 2025 den Bitcoin kaum noch zu bewegen. Würde Trump heute ankündigen, seine Strafzölle gegen China nächste Woche auf 300 Prozent oder mehr erhöhen zu wollen, würde im Chart höchstwahrscheinlich gar nichts mehr passieren. Der Grund: Die Marktteilnehmer reagieren mehrheitlich auf ein

Ereignis, weil es neu ist, aber sie gewöhnen sich nur allzu rasch an wiederkehrende Ereignisse. Was anfangs für Panik sorgt, verliert bei ständiger Wiederholung seine Wirkung auf die Trader.

Am traditionellen Markt mit Indizes wie NASDAQ, S&P 500 und ähnlichen, an denen Schwergewichte wie Nvidia, Tesla, Microsoft, Alphabet und viele andere hängen, stellt sich die Lage ein wenig anders dar. Warum? Weil Ankündigungen wie jene von Donald Trump bei diesen Unternehmen, die in der Regel global sehr stark vertreten und vernetzt sind, unmittelbar einen massiven Einfluss auf Umsatz und Gewinn haben. Dann rauschen die Aktienkurse nach unten, weil die Unternehmen weniger Gewinne machen. Die Prognosen fallen schlechter aus, die Aktionäre und Teilhaber sind verständlicherweise wenig begeistert, weil sie niedrigere Dividenden einstreichen, und die Aktienkurse geraten in einen regelrechten Abwärtsstrudel.

Beim Bitcoin läuft das etwas anders. Zwar reagiert auch die Kryptowährung sehr stark auf die ersten News, die den traditionellen Markt ins Taumeln bringen. Aber während NASDAQ & Co. im Anschluss daran weiter abrutschen, geht der Bitcoin meist in eine Seitwärtsbewegung über. Erst wenn eine neue, noch besorgniserregendere Meldung die alte ablöst, kommt wieder Bewegung in den weiteren Kursverlauf.

Während also traditionelle Märkte oft vergleichsweise träge reagieren, ähneln die Kursschwankungen bei Bitcoin einer Achterbahnfahrt. Sobald bullische Ereignisse eintreten, wie etwa die Einführung eines Bitcoin Spot ETF, schießen die Kurse steil nach oben. Umgekehrt führen negative Nachrichten, etwa über einen

Hackerangriff auf eine Kryptobörse, zu abrupten Kurseinbrüchen. Diese starke News-Abhängigkeit bringt eine sehr hohe Volatilität in den Markt und macht den Bitcoin kurzfristig anfällig für Bewegungen des traditionellen Marktes, indem er in Folge meist wie ein kleines Entchen an der Schnur hinterherläuft. Wenn allerdings der traditionelle Markt ausschließlich wegen einer bestimmten negativen Meldung weiter fällt, schert Bitcoin oft aus und schlägt eine eigene Richtung ein.

Im Gegensatz zu einem Aktieninvestor muss man sich als Bitcoin-Trader keine kurz- oder langfristigen Anlagestrategien zurechtlegen. Fällt bei einem Börsencrash eine Aktie, droht nicht nur ein Kursverlust, sondern unter Umständen auch der Ausfall der erwarteten Dividende. Zwar sinken auch bei Bitcoin die Kurse, aber hier gibt es keine Dividenden. Der große Vorteil bei der Kryptowährung liegt in ihrer hohen Volatilität. Während der Aktienmarkt in einer Woche vielleicht 10 Prozent, 15 Prozent oder 20 Prozent verliert und sich danach mühsam um 3 bis 4 Prozent erholt, kann der Bitcoin an einem einzigen Tag um 10.000 US-Dollar abstürzen – nur um sich innerhalb einer Stunde wieder um mehrere Tausend Dollar nach oben zu bewegen. Am Tagesende steht der Kurs dann vielleicht »nur« noch mit 3.000 oder 4.000 Dollar im Minus. Genau diese Dynamik macht das Krypto-Trading so spannend. Wenn hingegen der NASDAQ nach unten geht oder auch die Aktien fallen, wird geshortet, was die Kurse hergeben.

Buy the Dip

Wie bereits erwähnt, orientiert sich der Kurs des Bitcoin kurzfristig stark am traditionellen Markt und läuft ihm sozusagen hinterher. Die Spot ETFs werden nur zwischen 15.30 Uhr und 22 Uhr gehandelt; in diesem Zeitraum wird das meiste Volumen bewegt, woraus sich eine enge Korrelation ergibt. Kommt es in dieser Phase zu einem massiven Kursrutsch, interpretieren Krypto-Trader dies jedoch eher als Gelegenheit nach dem Motto »Buy the Dip«.

Bei dieser Anlagestrategie wird ein Vermögenswert, nachdem sein Kurs stark abgerutscht ist, in der Erwartung gekauft, dass der Preis sich schnell wieder erholen wird. In unserem Fall bedeutet das: Wenn du siehst, dass der Bitcoin an einem Tag um 5.000 oder 6.000 Dollar fällt, solltest du dies als Geschenk ansehen und so viel wie möglich kaufen. Aufgrund der bereits angesprochenen Volatilität ist dann nämlich die Wahrscheinlichkeit hoch, dass dieser Dip sehr schnell aufgekauft wird und du innerhalb kürzester Zeit Gewinne in zweistelliger Prozenthöhe mitnehmen kannst.

Genau deshalb heißt es in solchen Phasen: »Buy the Dip.« Ein gutes Beispiel dafür lieferte der FTX-Crash. Das wirklich Interessante dabei war allerdings, dass der Kursrückgang damals weder etwas mit Bitcoin selbst noch mit der Blockchain zu tun hatte. Auch war keine der anderen Kryptowährungen involviert und es wurde kein Netzwerk gehackt. Auslöser für den rasanten Kurssturz waren einzig und allein die veruntreuten Kundengelder der Börse gewesen – darüber werde ich in einem späteren Abschnitt noch im Detail mehr erzählen – und natürlich wiederum die entsprechenden News, die den Abwärtssog ausgelöst hatten. Solche Ereignisse eignen sich hervorragend, um das eigene Hodl-Portfolio günstig aufzustocken.

Parallel dazu beobachten wir weltweit, dass viele Länder nach Alternativen zum US-Dollar suchen, um sich von den USA unabhängiger zu machen. Staaten wie die Türkei kämpfen zusätzlich mit einer massiven Inflation ihrer Landeswährung, derer sie nicht mehr Herr werden. Die Notenpressen laufen Tag und Nacht, doch das kann auf Dauer natürlich nicht die Lösung sein. Trotzdem hat die Türkei, soweit mir bekannt ist, bislang kaum Schritte in Richtung Bitcoin unternommen, obwohl es sich anbieten würde.

Einen ganz anderen Weg verfolgt hingegen El Salvador: Als erstes Land der Welt hat es den Bitcoin offiziell als strategische Reserve und als Zahlungsmittel eingeführt. Ich bin davon überzeugt, dass derzeit sehr viele andere Staaten mit großem Interesse die weitere Entwicklung in diesem kleinen mittelamerikanischen Land verfolgen. Sollte sich El Salvador mit seiner Entscheidung langfristig behaupten, werden ärmere Staaten in Mittel- und Südamerika oder auch in Afrika möglicherweise diesem Beispiel folgen.

Argentinien etwa, das ähnlich wie die Türkei von seiner Inflation schwer gebeutelt wird, könnte ein heißer Kandidat sein und sich wohl eher früher als später mit der Thematik auseinandersetzen. Für solche Länder ist eine digitale Währung eine echte Chance, um aus der Abhängigkeit der Fiat-Welt »auszubrechen«.

Ein Freund im FTX-Crash

Ich erinnere mich noch ganz genau an die Nacht, in der der FTX-Crash alles zum Einsturz brachte. Nicht nur für mich, sondern vor allem für einen Freund – nennen wir ihn Martin.

Martin war schon immer jemand gewesen, der gerne große Risiken einging. Während ich oft predigte: »Pass auf deinen Hebel auf«, grinste er nur und meinte: »Komm schon, Basti – no risk, no fun.« Wir lachten oft darüber, aber tief in mir wusste ich: Irgendwann würde es ihn erwischen.

Als die Gerüchte um FTX aufkamen, schien er das Ganze nicht ernst zu nehmen. »FTX ist zu groß zum Scheitern«, sagte er mir noch am Telefon. »Das ist wie Binance oder Coinbase – die werden schon nicht untergehen.« Ich hörte die Zuversicht in seiner Stimme, aber auch diesen Unterton von Überheblichkeit. Er war voll investiert, mit einem massiven Hebel.

Dann kam die besagte verhängnisvolle Nacht.

Ich saß selbst vor den Charts, als die ersten Meldungen durchs Netz rauschten: Liquiditätsprobleme bei FTX. Zuerst dachte ich: »Okay, wieder mal FUD.« Doch innerhalb von Minuten explodierten die Nachrichtenkanäle. Auf Discord, Twitter, Telegram – überall nur noch ein Thema. Und der Kurs? Er rauschte ab. Erst 1.000 Dollar, dann 2.000 Dollar, dann 5.000 Dollar tiefer. In einem Tempo, das ich selten zuvor erlebt hatte.

Mein Handy vibrierte ununterbrochen. Nachrichten von Martin. Er schrieb in Capslock: »BRO, ICH WERDE GLEICH LIQUIDIERT!« Ich versuchte ihn anzurufen, aber er ging nicht ran. Stattdessen nur diese panischen Nachrichten: »Was soll ich tun? Soll ich nachschießen? Soll ich halten? Vielleicht dreht er ja gleich wieder …«

Doch der Markt drehte nicht. Er fiel. Immer tiefer. FTX meldete Insolvenz an. Für viele Trader war es ein Weltuntergang – und für Martin das persönliche Game over.

Am nächsten Morgen rief er mich an. Seine Stimme war heiser, fast gebrochen: »Basti, alles weg. 80.000 Dollar – rausgelöscht in einer Nacht.« Ich wusste nicht, was ich sagen sollte. Mir fehlten die Worte. Wir schwiegen eine Weile, und dann sagte er nur noch: »Und das Schlimmste ist – ich wusste es. Ich hab's gespürt. Aber ich war zu gierig.«

Diese Worte brannten sich in meinen Kopf ein. Nicht, weil er der Erste gewesen war, der durch Overleveraging alles verloren hatte. Sondern weil es so verdammt vermeidbar gewesen wäre.

Das Tragische daran: Martin war nicht allein. Hunderte, Tausende wurden im FTX-Crash liquidiert. Leute, die dachten, sie hätten ihre Strategie im Griff. Leute, die glaubten, »so ein Riese fällt nie«. Doch genau das war passiert. Der Markt hatte wieder einmal gnadenlos gezeigt, dass er keine Sicherheiten kennt.

Für mich war Martins Geschichte ein Weckruf, auch für die Community. Denn sie zeigte in aller Härte:

- *Selbst, wenn du denkst, du hast alles im Griff – der Markt kann dich jederzeit bestrafen.*
- *Selbst, wenn du glaubst, ein Player ist »too big to fail« – er kann trotzdem fallen.*
- *Und selbst, wenn du spürst, dass dein Trade falsch läuft – Gier ist oft lauter als Vernunft.*

Heute ist Martin wieder dabei, aber anders. Viel kleiner, vorsichtiger, fast schon demütig. Er sagt oft: »Das Geld, das ich damals verloren habe, hole ich nie wieder zurück. Aber vielleicht hole ich mir etwas anderes zurück: Verstand.«

Investment vs. Daytrading

Für meinen Freund war das Kapitel FTX ein teures Lehrgeld und für mich ein weiterer Beweis dafür, dass Timing, Emotionen und Gier über Erfolg oder Ruin entscheiden. Doch genau an diesem Punkt stellt sich die entscheidende Frage: Mit welcher Haltung gehst du überhaupt in den Markt? Willst du langfristig investieren oder kurzfristig traden? Denn das sind zwei völlig verschiedene Welten mit unterschiedlichen Regeln und völlig anderen Risiken. Schauen wir uns deshalb im nächsten Abschnitt genau an, wo die Grenze zwischen Investment und Daytrading verläuft und warum du diese Unterscheidung unbedingt verstehen musst.

Wer sich mit Kryptowährungen näher beschäftigt und irgendwann einmal selbst einsteigen möchte, steht in der Regel vor einer Grundsatzentscheidung: Investment oder Daytrading?

Der Investment-Part ist relativ einfach erklärt, denn er funktioniert im Prinzip wie bei Aktien: Man kauft sich eine oder mehrere verschiedene Aktien und lässt sie über einen längeren Zeitraum einfach liegen in der Hoffnung, dass sich ihr Wert in den kommenden Jahren verdoppeln oder verdreifachen wird. Wenn das Aktiendepot eine gute Rendite erwirtschaftet, kann man nach einiger Zeit vielleicht 25 Prozent oder 30 Prozent des Depots abstoßen, um den Gewinn zu realisieren. Gleichzeitig hofft man, dass der Kurs der verbliebenen Aktie(n) weiterhin steigt, um nach einiger Zeit erneut einen Teil der Gewinne in Cash umzuwandeln.

Nichts anderes passiert beim Krypto-Investment: Wenn du in Krypto investierst, wirst du versuchen, so günstig wie möglich so viele Coins wie möglich zu erwerben. Danach wartest du darauf, dass diese Coins nachhaltig nach oben steigen – der Fachbegriff dafür lautet »hodln«. Auch hierbei handelt es sich (genau wie bei den Aktieninvestments) um eine langfristige Investmentstrategie. Entscheidend ist in beiden Fällen, dass das Grundkapital, das hier investiert wurde, für den angepeilten Investmentzeitraum nicht gebraucht wird.

Investiere immer nur jenes Kapital, das du mit Sicherheit in den nächsten Jahren nicht benötigst!

Wer heute 10.000 Dollar anlegt und nach einem halben Jahr merkt, dass er das Geld eigentlich für die Sanierung der Hausfassade oder die Einrichtung eines neuen Kinderzimmers benötigt, und sich diese Summe wieder zurückholt, handelt kontraproduktiv. Das investierte Kapital muss unangetastet liegen bleiben dürfen, damit es arbeiten und Gewinne erwirtschaften kann. Die erzielten Gewinne (oder einen Teil davon) kann man dann entnehmen, um sich davon etwas Schönes zu gönnen. Ob du dabei ausschließlich auf Bitcoin setzt oder auch Altcoins ins Portfolio nimmst, ist zweitrangig. Wichtig ist nur: kaufen, abwarten, verkaufen – klassische Investmentstrategie eben.

Das, was ich selbst als Ergänzung zu einem langfristigen Investment mache (und womit auch unsere Community arbeitet), bezeichnet man als »Daytrading«. Hierbei geht es darum, die täglichen Kursschwankungen aktiv zu nutzen, um damit das eigene Investment-Portfolio (das Hodl-Paket) kontinuierlich zu vergrößern und die

Coins zu vermehren. Gewinnst du, bekommst du zusätzliche Coins oder US-Dollar gutgeschrieben. Läufst du in einen Minus-Trade, verlierst du entsprechend.

Was ich beim Daytrading sehr gerne mache, ist, in einem Bärenmarkt eine sogenannte Coinmarge zu traden. Dabei handle ich direkt in Coins und versuche, trotz fallender Kurse Coins zu erwirtschaften und zu sammeln. Auf diese Weise profitiere ich doppelt, wenn der Markt irgendwann den Boden erreicht und wieder nach oben dreht. Da ich in einem Bullenmarkt allerdings nicht weiß, wohin die Reise geht und wo sie enden wird, bevorzuge ich es, mit USDT zu traden. Warum? Weil ich dadurch einen stabilen Dollar-Bestand habe, den ich nutzen kann, um größere Dips gezielt für Käufe ins Hodl-Portfolio zu nutzen.

Der Unterschied zum Investment ist also klar: Beim langfristigen Investment schaust du nach 10 oder 15 Jahren, wo der Kurs deines Portfolios steht. Beim Daytrading dagegen hast du die Möglichkeit, von der täglichen Volatilität zu profitieren. Dein Fokus liegt somit darauf, wo der Kurs in der nächsten halben Stunde, in einer Stunde oder in vier Stunden steht. Ziel ist es, diese Bewegungen möglichst profitabel mitzunehmen – und das jeden Tag aufs Neue.

Strategien beim Daytrading

Beim Scalping geht man in den Markt, schließt die Position innerhalb von wenigen Minuten – *»Schnell rein in den Markt und schnell wieder raus«* – und nimmt dabei kleine Beträge, kleine 100-Dollar-Volatilitäten, mit. Ich persönlich bevorzuge für die Day Trades die 15-Minuten- beziehungsweise die Stunden-Charts. Auf diese Weise ergeben sich zwar nicht ganz so viele Gelegenheiten, aber wenn vielversprechende Einstiege kommen, besteht eine 80-prozentige Chance, dass der Trade wie gewünscht aufgeht. Bei dieser Methode spielt – genau wie bei vielen anderen Strategien – erneut das richtige Mindset eine maßgebliche Rolle, denn sie erfordert ein hohes Maß an Geduld. Wer zu ungeduldig ist und einfach in den Markt hineingeht, verliert.

Wie bereits des Öfteren darauf hingewiesen, machen wir uns beim Daytrading die Volatilität zunutze. Dabei ist es vollkommen egal, ob man nun bei 40.000 Dollar, bei 60.000 Dollar oder bei 100.000 Dollar tradet. Anders sieht es bei einer langfristigen Investmentstrategie aus, bei der man versucht, so günstig wie möglich einzukaufen. Daytrading findet unabhängig von der jeweils aktuellen Kurshöhe statt; hier konzentriert man sich lediglich auf einen ganz bestimmten Bereich im Chart, um innerhalb dieser Volatilität zu traden und Gewinne mitzunehmen.

Bei der Frage, welche der genannten Methoden zu jemandem passt oder nicht, gibt es kein klares Richtig oder Falsch. Die Antwort richtet sich vor allem danach, welcher Typ man ist, und nicht zuletzt auch danach, wie viel Zeit man investieren kann.

Als Scalper bist du im Minuten-Chart unterwegs und musst die ganze Zeit über vor dem Monitor präsent und vor allem alert sein. Gefragt sind hier mentale Fitness und das Beherrschen deiner Emotionen. Du musst einen klaren und kühlen Kopf bewahren, schnell einsteigen und deine Position ebenso rasch wieder schließen.

Das Daytrading gestaltet sich ein bisschen entspannter. Du kannst hierbei sogenannte Limit Orders setzen, um dich abholen zu lassen. Falls du vielleicht gerade unterwegs bist und die Kursverläufe nicht verfolgen kannst, setzt du einen Stop Loss und lässt deinen Trade teilweise auch mehrere Stunden laufen. Diese Methode ist unter anderem für jene Trader interessant, die einer geregelten Arbeit nachgehen und zwischendurch auf ihrem Handy ein paar Kursdaten checken wollen.

4 DIFFERENT TYPES
TRADING & STRATEGIES

PARAMETERS	SCALPING	DAY TRADING	SWING TRADING	HODL TRADING
Trading Time Frame	Short Term	Same Day	Medium Term	Long Term
Trading Signals	Many Daily	Few Daily	Few Weekly	Few Monthly or Yearly
Typical Holding Time	Minutes	Hours	Days or Weeks	Months or Years
Chart Interval Analysis	1 Min, 5 Min, 15 Min	15 Min, 30 Min, 1 Hr	1 Hr, 4 Hrs, 1 Day	Days, Weeks, Months
Trade Monitoring	Very Active	Active	Mod Active	Rarely Active

Marktphasen

Bei den Marktphasen unterscheidet man zwischen dem Bullenmarkt, dem Bärenmarkt und der Konsolidierungsphase.

- Bullenmarkt (oder bullische Phase): Marktphase, in welcher der Markt fortwährend im Steigen begriffen ist. Von dieser – du hast es dir sicherlich schon gedacht – leitet sich selbstverständlich auch der Name »Bitbull Trading« ab.
- Bärenmarkt (oder bärische Phase): Marktphase, in der es permanent nach unten geht und die Kurse teilweise viele Monate oder vielleicht sogar ein ganzes Jahr lang kontinuierlich im Fallen sind.
- (Neutrale) Konsolidierungsphase: Hier ist der Bitcoin teilweise über mehrere Monate hinweg sehr volatil unterwegs; der Median jedoch bleibt im Endeffekt über einen Zeitraum von drei oder vier Monaten mehr oder weniger konstant auf dem gleichen Niveau. Natürlich kann der Kurs zwischendurch auch mal stark nach oben steigen, um danach markant nach unten auszubrechen und dann wieder steil nach oben zu gehen und so weiter. Im Großen und Ganzen schaukelt er aber wie eine Boje auf einer aufgewühlten Wasseroberfläche auf und ab. Eine solche Phase tritt meistens dann ein, wenn keine großartigen News aufkommen, die Leute gelangweilt sind, das Interesse abflaut oder sich alle ins Sommerloch zurückziehen.

Alle drei genannten Phasen können entweder viele Monate lang andauern oder aber auf ganz kleine Zeitabschnitte heruntergebrochen werden. Damit ist gemeint, dass sich beim Daytrading in etwa einschätzen lässt, ob man sich an dem betreffenden Tag eher in einer bullischen oder doch eher in einer bärischen Phase befindet. Es bedeutet allerdings nicht, dass man sich gerade in einem Bullenmarkt oder einem Bärenmarkt befindet. Erkennbar ist lediglich, dass sich die Kursentwicklung an diesem Tag über mehrere Stunden hinweg wahrnehmbar nach oben oder nach unten orientiert und man somit eher Kursgewinne erwarten darf oder doch eher mit Kursverlusten rechnen muss.

Möglich ist selbstverständlich auch eine Seitwärtsbewegung, vorrangig an Samstagen und Sonntagen. Über das Wochenende passiert im Chart im Normalfall fast nie etwas Außergewöhnliches und es gibt auch keine große Volatilität – es sei denn, der US-Präsident bekommt wieder einen heftigen Schluckauf. Ereignisse, wie wir sie im April 2025 erlebt haben, können als die sprichwörtliche Ausnahme von der Regel angesehen werden.

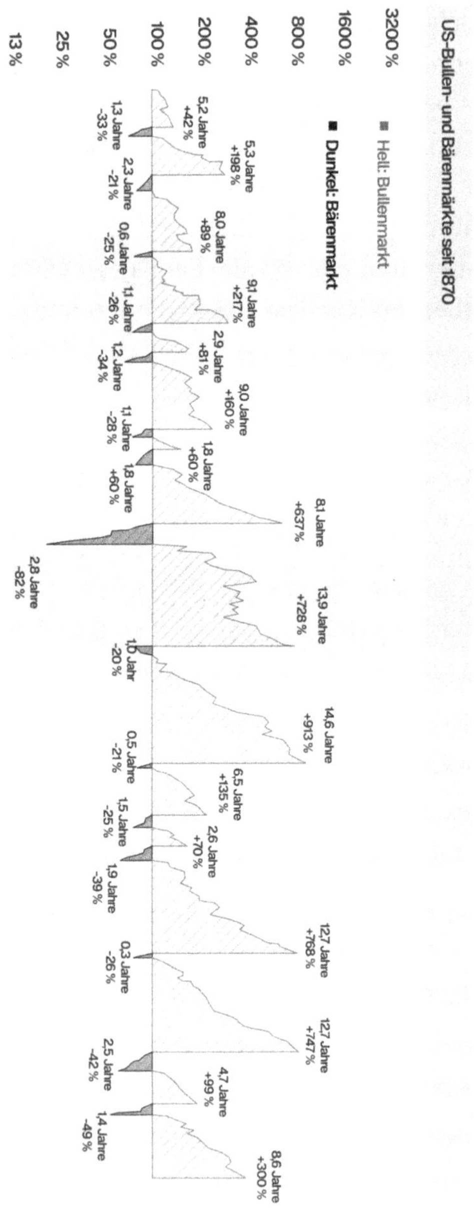
US-Bullen- und Bärenmärkte seit 1870
Hell: Bullenmarkt
Dunkel: Bärenmarkt
3200 %
1600 %
800 %
400 %
200 %
100 %
50 %
25 %
13 %
1871
1891
1911
1931
1951
1971
1991
2011
5,2 Jahre +42 %
1,3 Jahre -33 %
5,3 Jahre +198 %
2,3 Jahre -21 %
8,0 Jahre +89 %
0,6 Jahre -25 %
9,1 Jahre +217 %
1,1 Jahre -26 %
2,9 Jahre +81 %
1,2 Jahre -34 %
9,0 Jahre +160 %
1,1 Jahre -28 %
1,8 Jahre +60 %
1,8 Jahre +60 %
8,1 Jahre +637 %
2,8 Jahre -82 %
13,9 Jahre +728 %
1,0 Jahr -20 %
14,6 Jahre +913 %
0,5 Jahre -21 %
6,5 Jahre +135 %
1,5 Jahre -25 %
2,6 Jahre +70 %
1,9 Jahre -39 %
12,7 Jahre +768 %
0,3 Jahre -26 %
12,7 Jahre +747 %
2,5 Jahre -42 %
4,7 Jahre +99 %
1,4 Jahre -49 %
8,6 Jahre +300 %

Liquidität, Volumen und Liquidierung

Diese drei Begriffe sind vor allem im Bereich Daytrading, aber auch im Zusammenhang mit langfristigen Investments immens wichtig.

»Liquidität« bedeutet im Grunde nichts anderes als die Antwort auf die Frage, wo Marktteilnehmer kaufen beziehungsweise verkaufen wollen. Um sich das besser vorstellen zu können, gibt es hierfür spezielle Grafiken und Softwareprogramme, mit deren Hilfe sich die Liquidität wunderbar veranschaulichen lässt. Damit könnte man beispielsweise ganz genau erkennen, dass auf einem bestimmten Preisniveau Kaufaufträge für 300 Bitcoins liegen.

Nehmen wir für unser Beispiel an, dass der Kurs auf 80.000 Dollar fällt und dass genau dort die besagten 300 Bitcoins liegen. In dieser Zone warten nun vielleicht 40.000 Marktteilnehmer mit unterschiedlichen Kauforders: Der eine hat in der Nachkaufposition für sein Hodl-Portfolio vielleicht eine Limit Order von 0,5 Bitcoin platziert, der andere möchte 2 Bitcoins, der dritte 0,01 Bitcoin und so weiter. In Summe ergibt das den besagten Liquiditätspool.

Diese Liquidität ist für uns Trader sehr wichtig – aber natürlich wissen auch die Market Maker darüber Bescheid. Sie sind immer daran interessiert, frisches und neues Kapital in den Markt reinzuholen. Genau wie wir Daytrader sehen auch die Market Maker mithilfe ihrer eigenen Tools, wo das Kapital liegt; sie versuchen daher, schnellstmöglich sogenannte »Liquiditätspools« anzulaufen, um diese in den Markt zu holen. Das Schlimmste wäre in ihren

Augen ein Markt ohne Bewegung, in dem niemand long oder short geht und keiner kaufen oder verkaufen möchte.

Wenn wir andererseits sehen, dass viele über uns verkaufen wollen, und wir uns schon sehr nahe an einem Liquiditätspool befinden, ist die Wahrscheinlichkeit groß, dass wir hochlaufen, das Ganze abholen und danach wieder in die Gegenbewegung umschwenken. Auf diese Weise kann man die grafische Darstellung von Liquidität hervorragend für sich nutzen und dementsprechend sowohl seine Trades als auch natürlich sein Investment-Hodl-Portfolio damit planen.

Im Grunde genommen läuft alles über Liquidität – andernfalls würde kein Preis zustande kommen.

Das »Volumen« zeigt an, wo gerade sehr viel Kaufinteresse vorhanden ist, wo also die Trader aktuell besonders viele Positionen eröffnen. Dieser Aspekt ist für uns deshalb so interessant, weil wir die unterschiedlich großen Volumina mithilfe unseres eigenen Indikators anhand von verschiedenen Farben ganz genau darstellen und analysieren können. Warum aber ist es für Daytrader so wichtig, zu wissen, wie viel Volumen gerade in den Markt reinkommt?

Wenn sich zum Beispiel eine sehr starke Bewegung nach oben erkennen lässt, gleichzeitig aber kaum Volumen vorhanden ist, deutet dies auf einen Fake-Ausbruch hin. Das wiederum bedeutet, dass die Market Maker, die ganz gezielt auf ein gewisses Level kommen möchten, Trader kurzfristig in den Markt hereinholen, nur um im nächsten Moment abzuverkaufen. Das Volumen zeigt uns somit eigentlich immer an, ob ein wirkliches Kauf- beziehungsweise Verkaufsinteresse besteht und ob die Bewegung »echt« ist oder nicht.

Volumen-Trading war für mich am Anfang meiner Trader-Karriere noch ein Thema, doch inzwischen habe ich davon Abstand genommen. Allerdings stellen wir sehr wohl auch eigene Volumenindikatoren zur Verfügung, die in der Art eines Balkendiagramms anzeigen, in welche Richtung sich das Volumen seit mehreren Tagen (oder vielleicht auch erst seit mehreren Stunden) bewegt. Sie dienen mir rein zur Information: Wenn erkennbar ist, dass das Volumen zuletzt kontinuierlich abgenommen hat, ist damit zu rechnen, dass ziemlich bald ein sehr starker Ausbruch stattfinden wird. Ob nach oben oder nach unten, ist daraus zwar nicht ersichtlich, aber die Richtung ist ein Indiz dafür, dass zum Beispiel in den nächsten 24 Stunden auf jeden Fall eine sehr große Bewegung stattfinden wird.

Der Begriff »Liquidierung« besagt, dass Trader »liquidiert«, das heißt aus ihren Hebelpositionen »herausgespült« werden. Angenommen, zahlreiche Daytrader haben darauf gesetzt, dass der Kurs demnächst nach oben gehen wird, dann wird von der jeweiligen Position automatisch ein Liquidierungspreis berechnet. Wenn zu sehen ist, dass viele Trader long gegangen sind, liegen ihre Liquidierungspreise meist auf einem ähnlichen Niveau. Somit lässt sich dann auch hier, ähnlich wie bei der Liquidität, sehr gut erkennen, wo genau dieser Liquidierungsbereich liegt. Und diese Zonen sind für die Market Maker interessant: Denn auch wenn das Kapital der aus dem Markt »hinausgespülten« Trader vorübergehend fehlt, ist damit dennoch gewährleistet, dass die Trader irgendwann wieder in den Markt zurückkommen werden.

Die Market Maker stellen also durch Liquidierungen sicher, dass früher oder später wieder sehr viel Geld in den Markt hereinkommt. Solange nämlich die Trader, nachdem sie sich positioniert haben, lediglich in ihren offenen Trades hängen, sich zurücklehnen und stundenlang abwarten, wohin die Reise geht, passiert nicht allzu viel. Wurden sie allerdings vom System rausgekickt, müssen sie sich überlegen, wann sie erneut einsteigen wollen und damit wieder Kapital in den Markt bringen.

Liquidierungen sind für uns Trader oft der wichtigste Anhaltspunkt. Wenn wir sehen, dass beispielsweise bei einem Kurs von 80.000 Dollar ungefähr 600 Millionen Dollar liegen, um liquidiert zu werden, dann ist es sehr wahrscheinlich, dass die Market Maker gezielt dorthin laufen wollen, um genau diese Liquidität abzuholen.

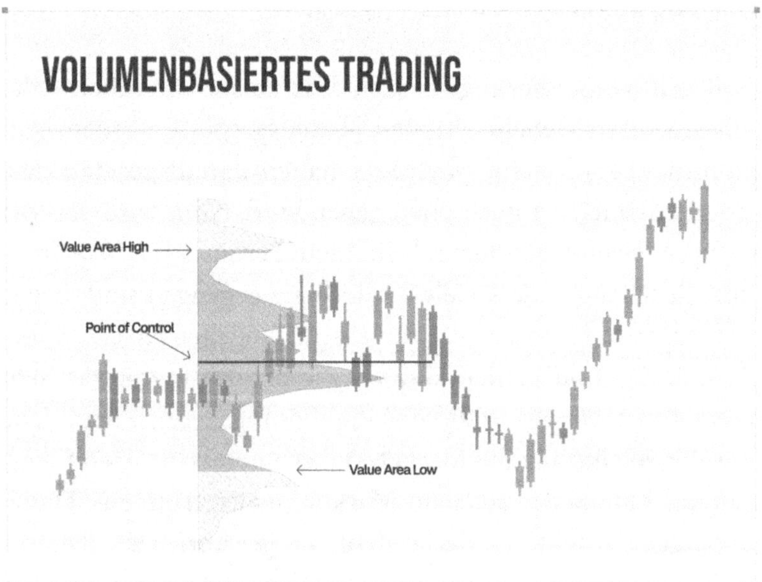

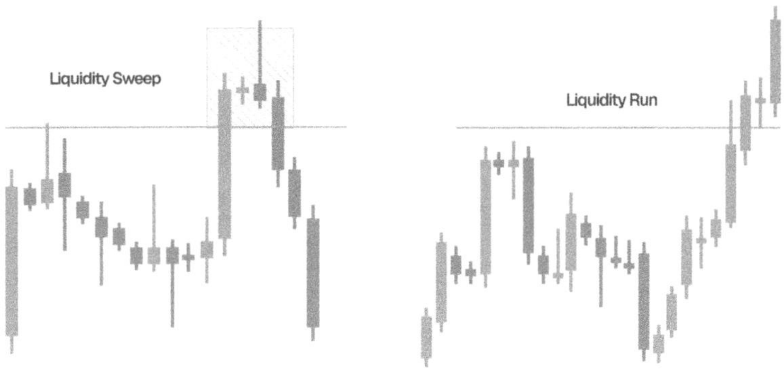

Trading Hours

Ich bekomme immer wieder die Frage gestellt, zu welcher Tages- oder Nachtzeit meiner Meinung nach der beste Zeitpunkt ist, um Bitcoins zu traden. Vor vier, fünf Jahren war das wirklich noch sehr schwierig zu beantworten, denn damals konnte der Bitcoin innerhalb einer Nacht um 5.000, 10.000 oder sogar 20.000 Dollar steigen. Das Ausmaß dieser Sprunghaftigkeit hat sich aufgrund der Bitcoin Spot ETFs ein bisschen geändert, die ausschließlich im traditionellen Markt über den NASDAQ in den USA handelbar sind. Da diese aber gemeinsam mit den anderen Börsen immer erst um 15.30 Uhr eröffnen, sind sie in weiterer Folge auch nur bis zum Börsenschluss um 22 Uhr handelbar.

Bereits seit mehreren Monaten kann man daher beobachten, dass genau zwischen halb vier am Nachmittag und zehn Uhr am Abend das stärkste Handelsvolumen herrscht. Dies liegt nicht zuletzt daran, dass in diesem Zeitraum der amerikanische Markt aktiv ist und die Amerikaner nun einmal den größten Markt – und somit auch das meiste Volumen – repräsentieren.

Für uns in Deutschland ist das grundsätzlich gar nicht so schlecht. Wenn die Börsen öffnen, sollte man allerdings nicht sofort einsteigen, sondern noch etwa eine halbe Stunde warten, bis der Markt sich eingependelt hat und absehbar ist, in welche Richtung die Reise gehen könnte. Zwischen 16 und 20 Uhr ist im Grunde fast immer eine sehr gute Handelszeit, ab etwa 21 Uhr werden die Kurse aufgrund des traditionellen Marktes hingegen meist schon relativ volatil. Sollte in dieser Zeit eine negative News herauskommen – was mehrheitlich dann passiert, wenn der traditionelle Markt gerade handelt –, tauchen die Kurse gewohnheitsmäßig nach unten ab.

Eine weitere Ursache für Volatilität stellen die zahlreichen Wirtschaftsdaten dar, die oftmals um 14.30 Uhr (also rund eine Stunde vor Markteröffnung) gelauncht werden. Weitere Nachrichten folgen um etwa 16 Uhr, und am Abend spricht dann vielleicht noch Jerome Powell, der derzeitige (Stand: August 2025) US-Notenbankchef der FED. Oder Donald Trump gibt in einer kurzfristig angesetzten TV-Ansprache wieder einmal eine seiner zahlreichen Verrücktheiten zum Besten. Alles das beeinflusst den NASDAQ und damit natürlich auch den Bitcoin-Kurs.

Würde ich heute neu bei Bitcoin einsteigen, würde ich mich wahrscheinlich immer nur zwischen 15.30 oder 16 Uhr und 22 Uhr damit beschäftigen. Dieser Zeitraum ist in meinen Augen vollkommen ausreichend. Natürlich kann auch am Vormittag immer etwas Weltbewegendes passieren, das die Kurse ordentlich durchzurütteln vermag – aber das meiste geschieht erfahrungsgemäß am Nachmittag und am Abend.

Selbstverständlich besteht keine Veranlassung dazu, tatsächlich fünf Tage pro Woche über diesen langen Zeitraum hinweg ununterbrochen am Laptop oder Computer zu sitzen. Die meisten Trader werden, wenn sie einem Beruf nachgehen, dazu auch gar keine Möglichkeit haben. Wenn du immer erst nach deiner Arbeit von 17 bis 18 Uhr Zeit hast, dich mit deinen Trades zu beschäftigen, dann mach es genau da. Hast du von 12 bis 15 Uhr Zeit, dann spricht ebenfalls nichts dagegen.

Dein Erfolg ist nicht davon abhängig, ob du jeden Tag eine oder fünf Stunden vor deinem Bildschirm sitzt, sondern davon, wie präzise und überlegt du handelst. Manche Trader sind tatsächlich nur eine Viertel- bis halbe Stunde nach der Markteröffnung aktiv. Sie loggen sich pünktlich um 15.30 Uhr in ihren Trading Account ein, beobachten die Charts und setzen punktgenau einen oder maximal zwei Trades. Erzielen sie damit ihren angepeilten Tagesverdienst in Höhe von 100 oder 200 oder 250 Dollar, sagen sie: »Danke, das war's«, und loggen sich wieder aus. Das geht ratzfatz und lässt sich auch mit Bitcoin bewerkstelligen.

Ich persönlich bin kein Freund davon, etwas erzwingen zu wollen. Wenn ich in einem guten Trade bin und einen ansprechenden Gewinn erwirtschaftet habe, klappe auch ich meinen Laptop zu und gebe mich an diesem Tag damit zufrieden. Gewinn ist Gewinn – egal ob früh am Morgen oder spät am Abend. Am Ende zählt nicht, wie lange du vor den Charts sitzt, sondern wie klug du deine Chancen nutzt.

Aber genau hier beginnt der entscheidende Punkt: Ohne klare Strategie ist jede Chance wertlos. Und damit sind wir beim nächsten Schritt.

Im folgenden Kapitel zeige ich dir, welche Strategien Trader wirklich nach vorn bringen – und welche dich schneller ins Aus katapultieren, als dir lieb ist.

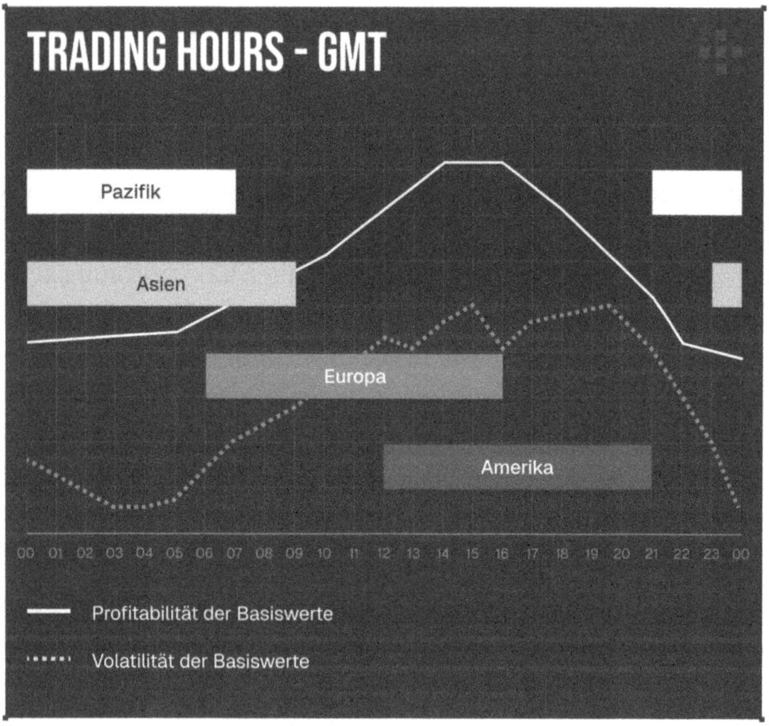

Key Facts Kapitel 2 – Crash-&-Comeback-Gesetze

- » Gesetz 1: Jeder Crash ist nur ein Zwischenstopp. Märkte stürzen und erholen sich. Dips sind Chancen, keine Endstation.
- » Gesetz 2: Emotionen sind teurer als Verluste. Panik, FOMO oder falsches Timing ruinieren Konten schneller als ein roter Chart.
- » Gesetz 3: Overleverage kills. Hebel ohne Kontrolle + Ego = Konto-Reset. Handle nur mit Kapital, dessen eventuellen Verlust du verschmerzen kannst.
- » Gesetz 4: Zeit ist dein Spielfeld. Die besten Chancen liegen meist zwischen 15.30 und 22.00 Uhr, wenn die US-Märkte laufen.

Kapitel 3:

Trade, don’t gamble. Strategien, die länger halten als Glück

Blindflug mit Echtgeld – und wie daraus Strategie wurde

Ich erinnere mich noch genau an meine ersten Trades mit Echtgeld. Kein Plan, keine Strategie – nur Hoffnung. Und ein bisschen Größenwahn.

Am Anfang hatte ich Schiss, überhaupt echtes Geld in die Hand zu nehmen. Mein Kapital war überschaubar und jeder Euro fühlte sich an wie ein Einsatz im Casino. Aber irgendwann dachte ich: Komm schon, wenn andere das können – warum nicht auch du? Also klickte ich zum ersten Mal auf »Buy« und war offiziell Trader.

Mit ein paar kleinen Erfolgen kam schnell das Gefühl: Ich bin unaufhaltbar. Plötzlich war ich überzeugt, dass alles, was irgendwie nach Krypto roch, mir automatisch Gewinne bringen würde. Bitcoin? Ethereum? Irgendein Shitcoin mit einem fancy Namen? Egal – ich kaufte. Mein naiver Glaube: Jeder Coin geht nach oben. Punkt.

Und genau hier begann mein Blindflug. Ich ließ mich von allen möglichen Angeboten locken: »Investier hier!« – »Bekomm noch Token geschenkt!« – »Verdiene 200 Prozent in drei Monaten!« Es klang alles so wunderbar, eigentlich fast zu schön, um wahr zu sein. Und so war es dann letzten Endes auch.

Rückblickend kann ich sagen: Von allen diesen Projekten war nicht ein einziges profitabel. Wenn's gut lief, kam ich mit einem blauen Auge davon und ging mit einem Break-even raus. Meistens aber verabschiedete sich mein Geld einfach sang- und klanglos. Kein Drama, keine Explosion. Einfach weg.

Damals dachte ich noch: Neues Projekt? Cool, easy 10x, ich bin dabei! Heute weiß ich: Das war nicht Trading – das war Zocken.

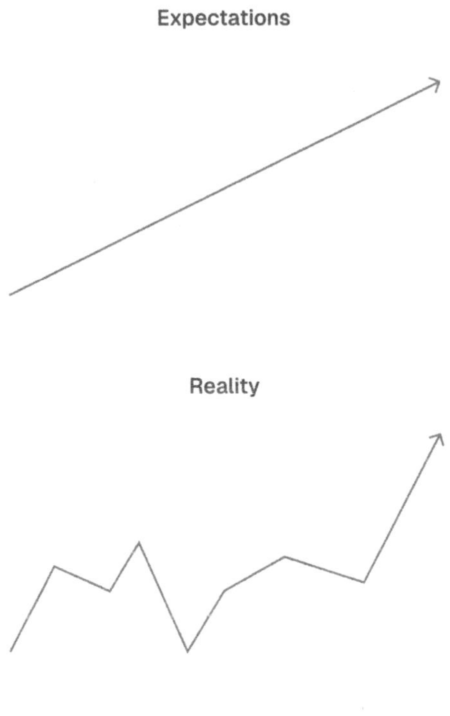

Echtgeld vs. Demo-Account

Genau aus diesem Grund ist es mir persönlich so immens wichtig, immer wieder darauf hinzuweisen und zu betonen: Wir handeln mit Echtgeld. Wenn du ins Trading einsteigst, hast du zwei

Möglichkeiten. Option Nummer eins: Du arbeitest mit deinem eigenen Kapital. Option Nummer zwei: Du eröffnest einen Demo-Account, bei dem es einfach nur um Zahlen geht, und spielst damit im Grunde mit Monopoly-Geld.

Viele Coaches empfehlen, mit einem Demo-Account zu starten und zunächst ein wenig herumzuprobieren, um Erfahrungen zu sammeln. Würde ich dir ebenfalls dazu raten? Auf gar keinen Fall! Warum? Weil dir ein Demokonto im Gegensatz zum Traden mit Echtgeld vollkommen falsche Emotionen vermittelt. Was immer du tust, es wird sich niemals so anfühlen wie echtes Trading. Und ganz egal, wie sehr du dir auch etwas anderes einzureden versuchst oder glaubst, dass es keinen Unterschied macht – unterbewusst läuft in deinem Hinterkopf, in deinen Gedanken, in deinem Mindset immer das Wissen mit:

Das hier ist kein realer Account, mir kann nichts passieren. Wenn das Konto leer geräumt ist, ist das Geld weg. Aber das ist vollkommen egal, denn es war ohnehin nur Demo-Geld. Ich eröffne einfach einen neuen Account, schiebe Geld nach und beginne wieder von vorn.

Das massive Problem dabei ist, dass du mit einer viel geringeren Ernsthaftigkeit an die Sache rangehst. Du hebelst viel zu hoch, eröffnest viel zu große Positionen und setzt riskante Trades, an die du dich mit deinem eigenen Geld – zumindest am Anfang – niemals heranwagen würdest. Natürlich lassen sich so auch mal 10.000 Dollar Gewinn mit einem einzigen Trade einfahren. Aber würdest du dieselbe hohe Risikobereitschaft an den Tag legen, wenn es dabei um dein eigenes Geld ginge? Wohl kaum.

Darum sage ich immer zu meinen Pro-Members und in unserer Community auf dem Discord-Server: »Wenn ihr zu traden beginnt, fangt mit Echtgeld an. Selbst wenn es zunächst nur kleine Beträge sind, vielleicht 50 oder 20 oder auch nur 10 Dollar, ganz egal. Aber es ist ein vollkommen anderes Feeling, eine andere Ernsthaftigkeit damit verbunden. Ihr handelt dann mit dem, was ihr euch zusammengespart habt, mit einem Teil dessen, was ihr monatlich von eurem Arbeitgeber bekommt.«

Und genau mit diesem Bewusstsein, dieser Ernsthaftigkeit, diesem Mindset solltest du an die Sache herangehen. Die Einstellung »Okay, jetzt kaufe ich und schau einfach mal, was dann passiert« wird früher oder später unweigerlich zu Verlusten führen.

Leider wollen das viele nicht hören. Oder sie verdrängen es. Wir hatten schon Mitglieder, die Haus und Hof verzockten. Ein besonders krasses Beispiel war jemand, der das Elternhaus verkaufte, in dem seine Familie seit vier oder fünf Generationen gelebt hatte. Er steckte den gesamten Erlös aus dem Verkauf ins Trading. Dann kam der FTX-Crash, und innerhalb eines Monats war alles weg. So etwas mitzuerleben, ist heftig. Und genau deshalb werde ich nie müde werden, mich gebetsmühlenartig zu wiederholen: »Seid euch stets dessen bewusst, dass ihr mit Echtgeld tradet, und handelt daher auch dementsprechend.«

Viele überschätzen sich und ihre Fähigkeiten dermaßen, dass sie teilweise viel zu große Trades eröffnen – und plötzlich sind auf einen Schlag 10.000 Dollar oder mehr weg. Um eine solche Summe netto zu verdienen, müssen die meisten Menschen in Deutschland vier bis fünf Monate (und viele sogar noch länger) arbeiten. Diese Tatsache müsste man sich eigentlich immer vor Augen halten – und trotzdem behandeln viele ihr Geld im Trading, als wäre es Kleingeld.

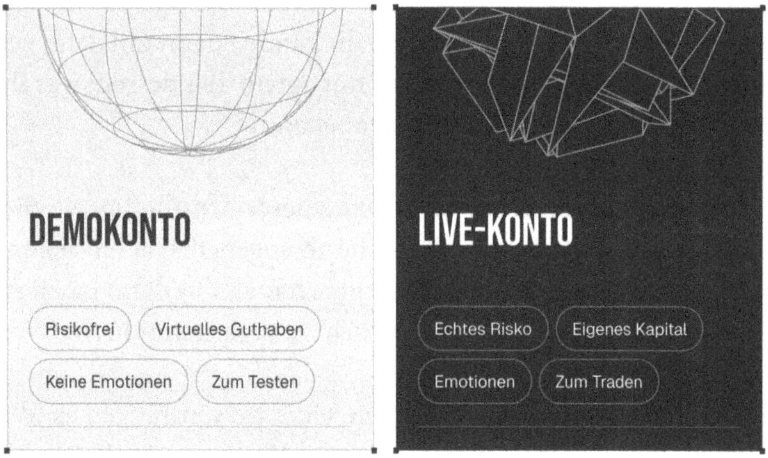

Mutig zum richtigen Zeitpunkt handeln, wenn andere in Panik verfallen

Wichtig ist außerdem, eine grundlegende Tatsache im Hinterkopf zu behalten: Gute Zeiten bleiben nicht für immer, und mit schlechten Zeiten verhält es sich genauso. Der Markt verläuft in Wellen, doch die meisten lassen sich von ihren Emotionen versklaven. In dem Moment, da der Markt nach oben geht, verfallen sie in eine unglaubliche FOMO, agieren vollkommen kopflos und investieren blind gefühlt alles, was sie haben. Sobald die Kurse dann im Fallen begriffen sind, kommt sogleich die absolute Weltuntergangsstimmung auf. Für diese Menschen gibt es immer nur

Schwarz oder Weiß, keine Grauschattierungen. Dabei wäre es gerade in den Down-Phasen sinnvoll, antizyklisch zu investieren – doch kaum jemand tut das.

Wer einen Blick zurück in die Vergangenheit wirft, erkennt, dass der Kryptomarkt in den letzten fünf bis zehn Jahren stets in einer Wellenbewegung verlaufen ist, die allerdings langfristig kontinuierlich nach oben zeigt. Trotzdem reagieren viele völlig überzogen, als würde der Himmel über ihnen einstürzen, sobald die Kurse wieder einmal nach unten gehen. Dabei wäre eigentlich gerade jetzt die beste Zeit, um sich mit der Thematik auseinanderzusetzen, sich Wissen anzueignen, zu lernen, wie alles funktioniert, Strategien zu testen und sich vorzubereiten. Dann ist der Raum dafür gegeben.

Wer antizyklisch denkt, weiß, dass in einer solchen Phase der richtige Moment gekommen ist, um zu investieren. Doch stattdessen handeln die meisten aus Angst, etwas zu verpassen, völlig planlos. Teilweise wissen viele nicht einmal, wie die Börse wirklich funktioniert, was eine Wallet-Adresse ist oder wie sie Kapital verschieben beziehungsweise einzahlen können. Kommt dann auch noch die FOMO mit ins Spiel, passieren Fehler – teure Fehler – wie zum Beispiel Käufe oder Verkäufe nach der Devise: »Buy the top, sell the low.«

Was viele Trader leider nach wie vor nicht verstehen: Wenn der Markt nach einer Phase fallender Kurse wieder anzieht, kann der Kurs im Kryptomarkt – und das ist eben diese Volatilität, mit der wir sehr viel Geld und Kapital erwirtschaften können – an einem einzigen Tag schon mal kurz um 10.000 Dollar nach oben gehen. Ich erinnere mich daran, als der Bitcoin das erste Mal an der 100.000-Dollar-Marke kratzte: Bei unseren TradeMania Pro-

Paketen erlebten wir einen regelrechten Ansturm, als gäb's kein Morgen mehr. Doch jetzt (Stand: August 2025), da der Markt seitwärts läuft und seit ungefähr eineinhalb, zwei Monaten nichts mehr passiert, interessiert sich kaum jemand dafür. Das zeigt wieder: Viele Menschen handeln rein emotional und vergessen, dass es im Trading nicht darum geht, im Hype aufzuspringen, sondern Geduld und Disziplin an den Tag zu legen und sich vor allem dann mit der Materie zu beschäftigen, wenn es sonst keiner tut.

Warren Buffett beziehungsweise das Unternehmen Berkshire Hathaway, dessen größter Einzelaktionär und Vorsitzender Buffett ist, hielt, wenn ich richtig informiert bin, Ende Mai 2025 knapp 350 Milliarden US-Dollar in Cash und Cash-Äquivalenten. Wie kam es dazu? Und vor allem: Warum?

Während andere große Investoren und Multimilliardäre weiterhin im Spiel blieben, ging das »Orakel von Omaha«, wie Buffett gerne genannt wird, genau am Peak vor dem Crash aus dem Markt und machte konsequent Kasse. Viele belächelten ihn, als er damit begann, riesige Cash-Reserven aufzubauen; manche lachten ihn sogar regelrecht aus. Doch Buffett wusste offensichtlich ganz genau, was er tat, denn er sitzt nun, nach dem Drop vom April 2025, auf einem gigantischen Cash-Polster und kann wieder günstig einkaufen. Das bedeutet im Umkehrschluss: Es gibt immer Anzeichen, wohin sich die Märkte – und in einem größeren Bild auch die Weltwirtschaft – bewegen. Man muss nur wissen, worauf man schauen muss.

Für uns als Trader ist es essenziell, genau diesen Aspekt zu verstehen: Egal, in welcher Phase wir uns gerade bewegen – wir müssen akzeptieren, dass alles in Zyklen abläuft und dass es in unserem Geschäft immer Aufs und Abs geben wird, dass die Kurse einmal nach unten und dann auch wieder nach oben gehen werden. Es wäre irrational, sich ausschließlich während der Aufwärtsphasen mit dem Markt zu beschäftigen und in den Abwärtsphasen alles komplett ruhen zu lassen. Das würde keinen Sinn machen. Ein tiefgehendes Verständnis für diese Dynamik gehört zum Grundlagenwissen jedes erfolgreichen Traders.

Hierfür können wir uns auch gerne die Autorität von außen »leihen«, indem wir auf Warren Buffett oder andere erfolgreiche Investoren verweisen. Ihr Handeln zeigt uns: Wer langfristig erfolgreich sein will, muss beides aushalten – die Höhen wie auch die Tiefen. Oder, um es mit den Worten des im Jahr 1999 verstorbenen Börsen- und Finanzexperten André Kostolany auszudrücken:

»Börsengewinne sind Schmerzensgelder, die man in Kauf nimmt für die permanente Gefahr, die man eingeht.«

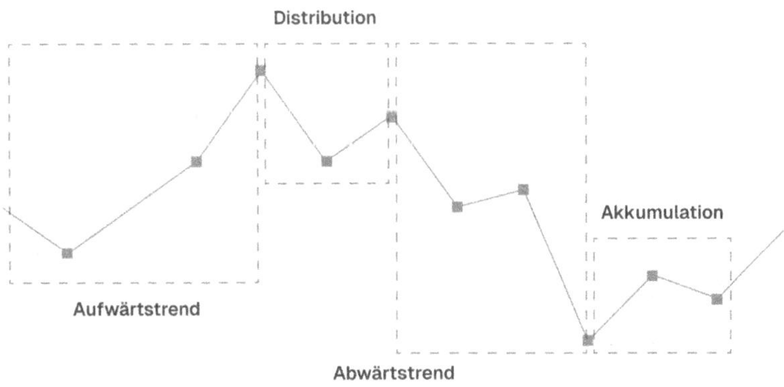

Du darfst deine Meinung auch ändern

Als ich im Krypto-Trading startete, unterliefen mir etliche typische Anfängerfehler. Zwar hatte ich mir zahlreiche YouTube-Videos zum Thema angesehen, war anderen Tradern auf diversen Social-Media-Plattformen gefolgt und versuchte, meine Trades an den klassischen Trading-Strategien auszurichten. Da es mir jedoch an Erfahrung fehlte, verlor ich mit meinen ersten tapsigen Versuchen eine nicht unbeträchtliche Geldsumme: Ich hatte zu viele verschiedene Positionen gleichzeitig eröffnet und viel zu hohe Hebel gesetzt. Als ich mich dann aber im Laufe der Monate immer tiefer in die Materie einarbeitete und mir auch im Hinblick auf fundamentale Daten essenzielle Kenntnisse aneignete, gelang es mir, nach und nach erfolgreiche Deals zu schließen.

Um zu wissen, was tatsächlich im Markt passiert, muss man die Spieler und die Marktteilnehmer kennen. Wer auf die heutigen YouTube-Marktschreier hört, bekommt ganz schnell ein enormes Problem. Vielleicht ist unser Channel nicht zuletzt deshalb so erfolgreich, weil wir eben nicht auf übertriebenes Gehabe setzen, sondern allen Members in unserer Community auf Augenhöhe begegnen.

Wer tradet, sollte sich der Tatsache bewusst sein, dass er nicht nur die Position(en) handelt, die er selbst eröffnet hat, sondern dass er in diesem Augenblick immer auch gegen andere tradet. Um erfolgreiche Trades setzen zu können, ist daher eine umfassende Information wichtig, insbesondere im Hebel-Trading.

Damit man Trades erfolgreich über einen längeren Zeitraum hinweg laufen lassen und die Frage beantworten kann, was in den nächsten Wochen und Monaten passieren wird, benötigt man:

- gutes Money-Management
- gutes Riskmanagement
- umfassende Kenntnisse über die Fundamentaldaten

Man muss mit seinen Trades nicht Hunderttausende oder Millionen Dollar machen. Natürlich präsentieren erfolgreiche YouTuber sehr gerne ihr Trading-Portfolio, um sich feiern zu lassen. Letzten Endes ist jedoch jeder dazu angehalten, seine Trades mit seinem eigenen Geld zu managen – adäquates Money-Management ist daher entscheidend und für den Erfolg essenziell.

Wenn du heute eine bestimmte Meinung vertrittst, ist es enorm wichtig, dir bewusst zu sein, dass du diese jederzeit ändern darfst, sobald die Umstände sich verschieben und dies erforderlich machen. Viele denken, dass sie einen Trade so lange offenhalten müssen, bis sie dort angekommen sind, wohin sie ursprünglich wollten. Das mag vielleicht in einem Bullrun funktionieren, wenn die Preise immer weiter nach oben gehen. Der wahre Künstler zeigt sich jedoch dann, wenn der Markt nicht immer nur in eine Richtung geht.

Sobald ein vermeintlicher Bottom erreicht ist, hat man von dort aus ein gutes Upside-Potenzial, aber natürlich kann der Preis trotzdem noch weiter nach unten laufen – man weiß schließlich nie, wie tief ein Bottom gehen kann. Sobald sich allerdings auf lange Sicht zumindest die Richtung erkennen lässt, kann man einen Teil seines

Kapitals dazu verwenden, um eine Position zu eröffnen und einen kleinen Hebel einzubauen. Wenn dann die Preise anziehen, sollte man den Hebel anpassen, mehr Kapital sichern und den Stop Loss auf einen Entry Point nachziehen. Wer mit einer solchen Strategie in den Trade hineingeht, hat die größere Chance, am Schluss mit einem Profit auszusteigen.

Wer Fragen wie

- »In welche Richtung wird welcher Coin gehen?«,
- »Wo gibt es den nächsten Hype?« oder
- »Woher kommt der nächste Money-Inflow?«

zu beantworten vermag, kann sich auf die Wette einlassen. Sobald sich allerdings das Marktumfeld ändert, bedarf es der Anpassung seiner ursprünglichen Meinung. Sollte es nicht möglich sein, Profite mitzunehmen, muss die entsprechende Position geschlossen werden – schlimmstenfalls auch als Stop Loss. Nichts ist schlimmer, als eine Position offenzuhalten in der Hoffnung, dass der Trade vielleicht doch noch aufgehen könnte, nur um dann am Ende alles zu verlieren.

Darum: Wähle deinen Hebel weise und mache lieber mit kleineren Beträgen gute Profite, statt mit zu viel Kapital in den Trade hineinzugehen und am Schluss mit nichts dazustehen.

Regeln allein machen dich jedoch nicht besser. Manchmal brauchst du jemanden, der dich spiegelt, dich bremst – oder dich antreibt, wenn du zu klein denkst. Für mich war dieser Jemand Marc.

Es war spätabends, ich saß wie so oft vor TradingView und tippte meine Analysen runter. Kein großes Publikum, kein Plan, was daraus werden sollte – einfach meine Gedanken zum Markt.

Plötzlich ploppte eine Nachricht auf: »Hey, ich verfolge deine Artikel schon länger. Deine Ideen haben Substanz. Was hast du eigentlich noch vor?«

Der Absender: ein gewisser Marc. Damals nur ein Name auf einem Bildschirm. Heute mein Geschäftspartner, Freund und Mentor.

Marcs Herangehensweise war anders als die üblichen Chatnachrichten, die ich sonst so bekommen hatte. Keine leeren Phrasen, kein »Join my Signal Group«. Seine Worte hatten Gewicht. Ich merkte sofort: Hier schreibt einer nicht nur so aus Spaß. Hier schreibt jemand, der Ahnung von der Materie hat.

Aus dieser einen Nachricht wurde mehr. Viel mehr. Marc war der Erste, der nicht nur meine Texte las, sondern auch das Potenzial dahinter sah. Statt ein paar Tipps rüberzuwerfen, stieg er richtig ein: Er half mir beim Aufbau meines YouTube-Channels, brachte mich mit den richtigen Leuten zusammen und schenkte mir sogar ein Coaching – ein Investment im fünfstelligen Bereich.

Damals verstand ich nicht, warum er so viel in mich investierte. Offenbar sah er etwas in mir, das ich selbst erst im Ansatz erahnte. Heute weiß ich: Ohne Marc hätte ich viele Abzweigungen verpasst. Als ich meinen Job bei Daimler kündigte, nach Dubai auswanderte und Trading zu meinem Beruf machte, war er da. Nicht nur als Ratgeber, sondern als Sparringspartner – ehrlich, direkt, manchmal unbequem. Genau das, was man braucht, wenn man aus einem guten Trader einen Unternehmer machen will.

Die Lektion meines Mentors Marc

»Bevor ich mit dem Daytrading begann, hatte ich schon über einen längeren Zeitraum – genauer gesagt, seit dem Jahr 2015 – Bitcoin gehodlt und akkumuliert. Mit dem ersten richtigen Bullrun stieg ich dann auch in das Trading ein. Damals folgte ich strategiemäßig noch einem YouTuber und machte meine ersten Schritte mit kleinem Geld, wobei ich relativ schnell feststellte, welch starke Wirkung der Einsatz von Hebeln haben kann.

Eines Nachts, ich lag bereits im Bett, machte ich eine Position mit 150.000 Dollar auf. In dem Augenblick, als ich die Position eröffnete, kam Momentum in den Markt, und ich beschloss zu compounden, um meine Position zu vergrößern. Die Stunden vergingen, der Trade wuchs und wuchs, und als ich morgens um vier Uhr immer noch wach war, lag ich mit 65.000 Dollar im Profit. Nachdem ich zuvor den Take Profit immer wieder nachgezogen hatte, wurde ich irgendwann doch noch ausgestoppt. Also schloss ich den Trade, legte mich schlafen und wachte nach rund drei Stunden wieder auf. Ich war extrem gehypt, und meine Frau, der ich von meinem Erfolg erzählte, war natürlich überglücklich.

Dann beging ich einen folgenschweren Fehler: Ich dachte, wenn es einmal funktioniert hatte – warum dann nicht gleich noch einen draufsetzen? Also eröffnete ich eine neue Position, doch diesmal lief der Markt gegen mich. Ich kaufte unter dem Eindruck des erfolgreichen letzten Trades wieder und wieder nach, bis ich am Ende des Tages den gesamten Gewinn der Nacht davor verloren hatte.

Dermaßen rasch und unüberlegt eine neue Position aufzumachen, war einfach nur dämlich gewesen. Ich stellte zu meiner großen Enttäuschung fest, wie tückisch verlockend ein solcher Gewinn sein kann, der im Grunde lediglich Glück gewesen war: Ich war einfach zum richtigen Zeitpunkt eingestiegen und hatte danach mit dem Compounden die richtigen Entscheidungen getroffen.

In den folgenden Jahren hodlte ich weiter. Im Februar 2022 lag der Bitcoin bei etwa 74.000 Dollar. Alle BTC-Enthusiasten fieberten der magischen 100.000-Dollar-Marke entgegen und verbreiteten das Narrativ, dass es schon bald so weit sein würde. Dann erschien die Nachricht, dass russische Panzer vor der Grenze der Ukraine aufgefahren waren.

Einer der nachhaltigsten Momente für mich im Trading war, als ich zu einem guten Kumpel von mir sagte: ›Jetzt wird es Zeit, aus Bitcoin auszusteigen, denn ich glaube, dass der Kurs bald einbrechen wird.‹ Mein Kumpel entgegnete: ›Nein, tu das nicht. Das wird im Leben nicht passieren. Bleib stark – wir ziehen das jetzt durch bis zu den 100.000.‹

Dann kam der erste Drop von 74.000 runter auf 60.000. Noch war Putin nicht in die Ukraine eingefallen, aber erste Ahnungen eines bevorstehenden Krieges machten bereits die Runde.

Als Bitcoin kurz danach erneut um mehrere Tausend Dollar nach unten ging, sagte ich zu mir: ›Ich habe das Geld nun schon so lange liegen gelassen und niemals angerührt, weil auch ich immer die große Vision vor Augen hatte … Aber selbst, wenn das Ding tatsächlich in nächster Zeit auf 100.000 raufgehen sollte und ich dann die Rallye nicht mitmache, ist das für mich absolut okay.‹ Den Kursgewinn der letzten sieben Jahre konnte man durchaus als ›life-changing money‹ bezeichnen, also stieg ich aus.

Kurz darauf kollabierte der Markt, und viele von meinen Freunden verloren zum Teil enorme Summen. Dann folgte ein Bärenmarkt. Für mich war das ein Wendepunkt. Ich begriff: Nicht ich bestimme den Markt. Der Markt bestimmt mich. Er macht den Preis. Meine Aufgabe besteht nur darin, ihn zu lesen – und rechtzeitig zu handeln.

Heute weiß ich: Fehler passieren fast immer aus der Emotion heraus. Darum trade ich nicht mehr nach Bauchgefühl. Wenn ich eine Rallye verpasse? Kein Problem. Ich ärgere mich nicht. Ich bleibe gelassen. Denn am Ende zählt nur eins: Wenn du in dem Moment voller Überzeugung sagen kannst: ›Es ist okay, auszusteigen‹ – dann geh. Zieh dein Geld raus. Und sei froh, wenn du draußen bist.«

Marcs Geschichte hat mir damals eines ganz deutlich gezeigt: Selbst die besten Instinkte sind irgendwann wertlos, wenn man sie nicht mit Werkzeugen untermauert. Emotionen mögen dich kurzfristig pushen, aber sie ruinieren dich langfristig. Wer vorn bleiben will, braucht etwas Kühleres, Präziseres – die technische Analyse.

Sie ist kein Zauberstab, aber sie ist das Fundament, auf dem jede Strategie steht. Und genau da machen wir jetzt weiter. Doch bevor wir tiefer in die Charts einsteigen, lass uns noch kurz die wichtigsten Learnings aus diesem Kapitel festhalten …

Key Facts Kapitel 3 – Blindflug oder Strategie

» Ohne einen Plan ist Trading lediglich Zocken: Hoffnung, Bauchgefühl oder FOMO sind keine Strategien und enden fast immer im Verlust.

» Echtgeld verändert alles: Ein Demokonto vermittelt falsche Sicherheit. Nur mit echtem Kapital spürst du die Emotionen, die dich im Trading prägen.

» Hebel sind ein zweischneidiges Schwert: Gewinne können explodieren – Verluste auch. Wer unkontrolliert nachkauft, verliert meist schneller, als er denkt.

» Antizyklisch zu denken, ist Gold wert: Nicht im Hype kaufen, sondern in Ruhe in Down-Phasen lernen, investieren und Strategien testen.

» Flexibilität schlägt Starrheit: Der Markt bestimmt den Preis – nicht du. Passe deine Meinung an, wenn sich die Bedingungen ändern.

» Mentoren machen den Unterschied: Erfahrung von außen schützt vor teuren Fehlern und zeigt Abkürzungen, die du allein nicht findest.

Kapitel 4:

Technik & Analyse: Lektionen aus dem Bärenmarkt

Im Auge des Bären – Als sich die grünen Kerzen rot färbten

Es gab auch für mich eine Zeit, in der ich noch lange nicht der erfahrene Trader von heute war.

Ja, ich konnte Charts lesen: Linien, Kerzen, Support, Resistance ... Aber das alles auch verstehen? Nicht wirklich. Ich war überzeugt: Wenn der Kurs an ein Supportlevel knallt, dann dreht er automatisch wieder nach oben. Eine simple Regel – so dachte ich zumindest. Es war meine erste große Fehleinschätzung. Denn dann kam der Crash. Die grünen Kerzen färbten sich unheilvoll rot, wurden länger, tiefer. Ich hatte zwar mit einer Korrektur gerechnet, allerdings nicht in diesem Ausmaß. Der Markt rauschte impulsiv nach unten, und ich stand da wie versteinert. Die Wucht der Kursänderung hatte mich auf dem falschen Fuß erwischt.

Manche Tage waren wie ein Albtraum: Abwärtsbewegungen von 10.000, manchmal sogar 12.000 Dollar am Stück. Es fühlte sich an, als säße ich ohne Paddel in einem Boot, das unaufhaltsam auf einen Wasserfall zutreibt. Erst ruhiges Gleiten, dann immer schneller bis zur Klippe – und zack, noch einmal 5.000 oder 6.000 Dollar tiefer. Panik überall. Und natürlich auch bei mir.

Ich kannte bereits stärkere Bewegungen aus dem Forex-Markt. Aber die Heftigkeit dieses Einbruchs im Kryptomarkt war für mich eine vollkommen neue Erfahrung. Erschreckend. Als ich 2017 oder 2018 in Bitcoin eingestiegen war, war der letzte Bärenmarkt gerade vorbei. Der Boden schien erreicht zu sein, die Kurse zogen wieder leicht an. Mit den realen Auswirkungen eines echten Bärenmarktes war ich bis dahin nie konfrontiert gewesen. Ich dachte: Wird schon. Einfach normal weitertraden.

Doch Bärenmärkte spielen nach eigenen Regeln, und dies lernte ich nun auf eine sehr schmerzhafte Weise.

Dann kam FTX. November 2022. Eine der größten Kryptobörsen der Welt geriet ins Straucheln – und fiel. Insolvenz. Auch damit hatte ich, wie die meisten anderen, überhaupt nicht gerechnet. Der Markt war in einer Konsolidierung, eigentlich schien der Boden gefunden. Und plötzlich: ein Erdbeben. Alles stürzte noch tiefer. Es fühlte sich an wie Armageddon an der Börse.

Ich warnte meine Community in einem Video, vorsichtshalber ihre Assets abzuziehen, und bekam einen Crashkurs in Psychologie: Überall Panik, Nachrichten, Kommentare, DMs – eine Welle aus Angst. Manche prophezeiten, der Bitcoin könnte auf 5.000 oder 6.000 Dollar fallen. In dieser Intensität hatte ich so etwas noch nie erlebt. Frühere Drops waren nichts dagegen gewesen.

Ich versuchte, mich an den vertrauten Mustern zu orientieren. Die klassischen Chart Patterns eines Bärenmarktes sollten mir helfen. Aber nach dem FTX-Crash hatten sich die Regeln geändert. Muster, die zuvor im Bullenmarkt zu 80 Prozent oder 90 Prozent Trefferquote geführt hatten, funktionierten bei zehn Trades plötzlich nur noch zwei- oder dreimal.

Alles, worauf ich mich bisher verlassen hatte, war nutzlos geworden.

Technische Analysen

Die technischen Analysen entstanden damals mehr oder weniger aus einem Glücksgriff meiner Community. Bevor ich auf Discord umgestiegen war, hatte ich zunächst eine ganz normale Telegram-Gruppe mit drei verschiedenen Bereichen aufgebaut: einen Talk-Channel, einen Chartanalyse-Channel und einen Channel, in dem nur ich selbst etwas schreiben konnte. Hier konnte jeder kostenlos beitreten und einfach reinschauen.

Im Chart-Channel war unter anderem jemand namens Gray aktiv, in der Community besser bekannt als »Commander Gray«. Er postete regelmäßig verschiedene Analysen und arbeitete bereits mit Vektorkerzen, wie man sie aus dem Volumen-Trading kennt. Ich fand diesen Ansatz sehr spannend und interessant, und nachdem Gray über einen längeren Zeitraum in der Community immer wieder regelmäßig solche Beiträge geliefert hatte, begann auch ich, mich erstmals ernsthaft mit dieser Methode auseinanderzusetzen.

Als Trader sind wir mehr oder weniger dazu angehalten, uns permanent anzupassen, immer wieder dazuzulernen und neue Methoden auszuprobieren – vor allem dann, wenn wir merken, dass der Markt sich verändert, dass Spielregeln sich verschieben oder dass Strategien, mit denen wir schon jahrelang erfolgreich gearbeitet haben, weil sie sich in der Vergangenheit bewährt haben, aus irgendeinem nicht ersichtlichen Grund plötzlich nicht mehr greifen. Es gibt nicht die eine Trading-Strategie, die für die nächsten 25 oder 30 Jahre uneingeschränkte Gültigkeit hat. Der

Markt ist sehr volatil, sehr dynamisch, somit muss man sich gerade im Krypto-Bereich ständig anpassen und eine hohe Flexibilität an den Tag legen.

Wie bereits beschrieben, merkte ich irgendwann, dass das Trading über klassische Chart Patterns nicht mehr die gewohnte Trefferquote brachte. Also begann ich, mich intensiver mit dieser alternativen Möglichkeit zu beschäftigen. Zeitlich gesehen, fiel dies ziemlich genau in die Phase kurz nach dem FTX-Crash im damaligen Bärenmarkt-Tief.

Um sich bei der Chartanalyse zu orientieren und zu analysieren, in welche Richtung die Kursbewegung aller Wahrscheinlichkeit nach als Nächstes gehen wird – eine 100-prozentig sichere Aussage und Garantie gibt es dafür selbstverständlich nicht –, stehen mehrere Werkzeuge zur Verfügung. Zum einen kann man die bereits angesprochenen Chart Patterns verwenden; daneben gibt es aber auch noch den Volumenindikator, mit dem wir aktuell gerade arbeiten, und dann – charttechnisch extrem wichtig – die sogenannten »Supports« und »Widerstände«.

Als Trader musst du dir stets im Klaren darüber sein, wo die wirklich relevanten Supports und Widerstände liegen. Steigt beispielsweise der Kurs bis zu einem gewissen Level nach oben, kann er dort plötzlich stoppen. Der Kurs wird, wie man im Fachjargon sagt, »rejected«, also abgelehnt, und dreht danach in die Gegenrichtung nach unten. Umgekehrt kann ein fallender Kurs durch einen Supportlevel aufgefangen und »unterstützt« (»supported«) werden, um wieder nach oben gedrückt zu werden.

Diese Widerstände und Supports in einem Kerzenchart einzuzeichnen, könnte eigentlich eine relativ einfache Angelegenheit sein. Das Problem jedoch ist, dass sehr viele Trader an dieser Aufgabe scheitern, weil sie es nicht richtig machen. Sie denken, jedes kleine Tief ist ein Support und jedes noch so kleine Hoch ein Widerstand. Wird jedoch auch nur eine dieser beiden Linien falsch gesetzt, hat das enorme Auswirkungen auf die eigenen Trades.

Angenommen, ich bin in einer Long-Position, weil der Kurs gerade steil nach oben zeigt, dann werde ich auf einem gewissen Level, von dem ich erwarte, dass dort Widerstand auftauchen wird, einen Stopp setzen, um aus meinem Trade auszusteigen oder Profite zu realisieren. Habe ich diesen Widerstand jedoch falsch gesetzt, kann es passieren, dass die Kurve gar nicht erst so hoch kommt, sondern schon kurz vorher rejected wird und die Richtung ändert. Dadurch platzt meine Chance, den Trade sauber zu beenden oder Gewinne mitzunehmen. Genau das gleiche Szenario gilt für die Unterseite: Setze ich das Supportlevel nicht korrekt, weil ich den richtigen Punkt, um einzusteigen, vollkommen falsch eingeschätzt habe, finde ich mich plötzlich in einer Position wieder, in die ich eigentlich gar nicht hätte gehen sollen.

Wichtige Indikatoren

Die Grundlage der Chartanalyse besteht somit darin, erst einmal zu erkennen, wo die richtigen Supportlevel und die richtigen Widerstände liegen, denn darauf baut sich in weiterer Folge alles andere auf. Dazu kommen noch verschiedene Indikatoren, die ich gerne verwende, wobei ich persönlich allerdings immer nur mithilfe von drei oder maximal vier Indikatoren trade:

TradeMania Volumenindikator (unser eigener Indikator)

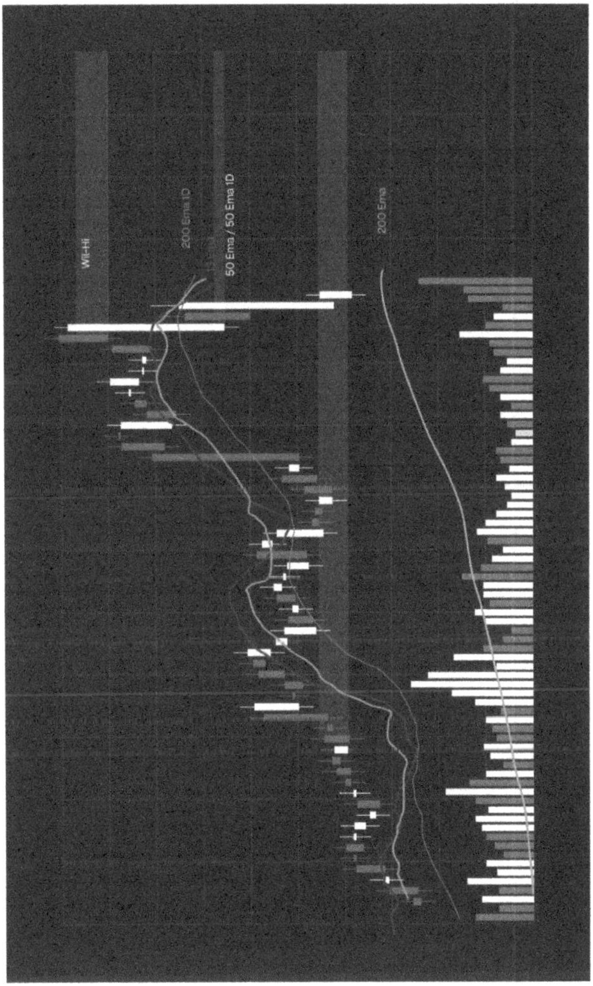

VRVP-Indikator (VRVP = Visible Range Volume Profile; zeigt das Volumenprofil der sichtbaren Range an)

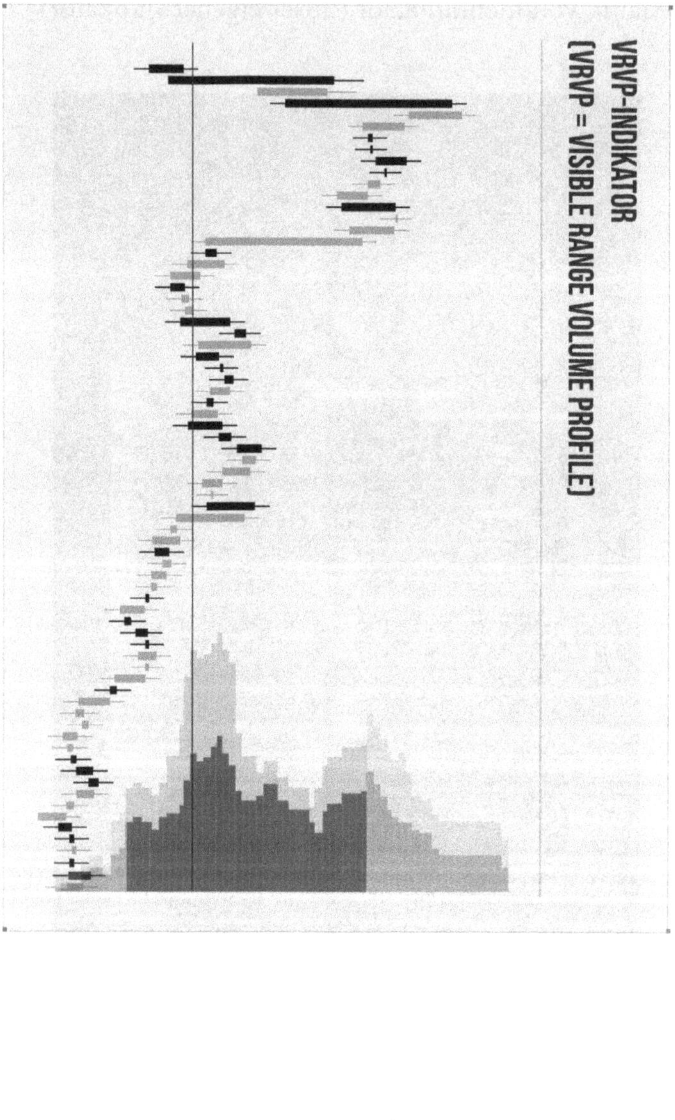

MACD-Indikator (MACD = Moving Average Convergence/ Divergence; lässt die Aufwärts- und Abwärtstrends bzw. den Zeitpunkt, an dem es jeweils zu einer Trendumkehr kommt, sowie Momentum-Veränderungen bei Aktienkursen erkennen)

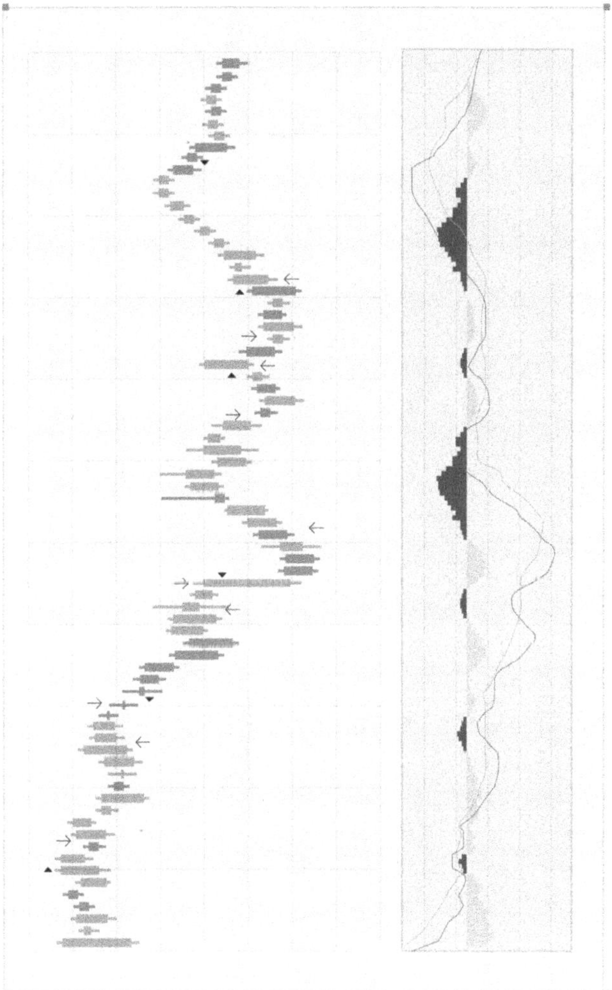

RSI-Indikator (RSI = Relative Strength Index; bewertet die Stärke von Kursbewegungen eines Finanzinstruments)

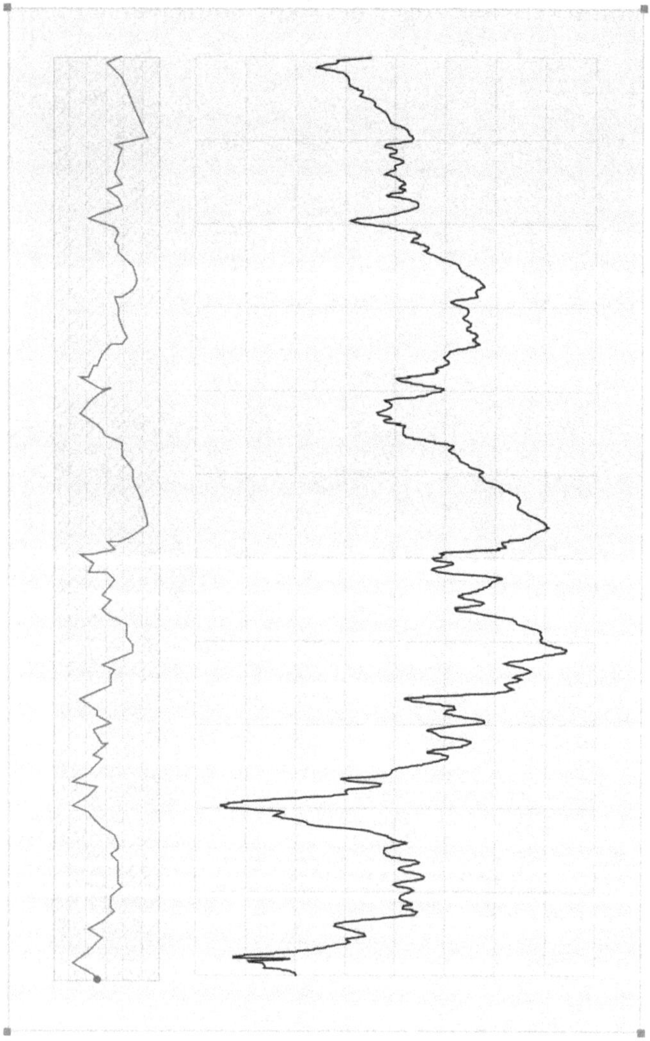

Der MACD-Indikator ist für Daytrader ein zentrales Werkzeug, weil man damit deutlich erkennen kann, wann es zu einer Trendumkehr kommt. Der RSI-Indikator wiederum ist – nach unserem eigenen TradeMania Volumenindikator – der meiner Meinung nach wichtigste, denn er zeigt uns an, wo der Markt überhitzt. Je mehr innerhalb eines kurzen Zeitraums gekauft wird, desto höher wandert die RSI-Skala nach oben. Liegt dann beispielsweise der RSI auf einem Vier-Stunden-Chart oberhalb der 70-Punkte-Marke, bedeutet das, dass der Markt total überhitzt ist, weil die Trader ohne Ende gekauft haben: Es gab nur Kaufinteresse, das Kaufvolumen dominierte und kaum jemand hat verkauft. Wird diese Höhe erreicht, dauert es meistens nicht sehr lange und der Markt bewegt sich wieder in die Gegenrichtung. Ergänzt man den RSI mit dem MACD, der parallel zum RSI ebenfalls nach oben steigt, sieht man, wie sich die beiden Linien kreuzen. Denn sobald der RSI abfällt, entsteht beim MACD meistens ein bärisches Cross und damit das klare Signal für den Übergang von einem Bullentrend zu einem Bärentrend.

Diese vier genannten Indikatoren sollte meiner persönlichen Meinung nach jeder Trader kennen – und mehr braucht es gar nicht. Viele überfrachten ihre Charts mit fünf oder sechs, teilweise sogar mit sieben verschiedenen Indikatoren, obwohl das im Grunde gar nicht nötig ist, weil man dadurch mit Reizen regelrecht überflutet wird. Manche benutzen einen Indikator, der ihnen ganz konkrete Kauf- und Verkaufssignale gibt. Je mehr Indikatoren man allerdings verwendet, desto größer ist die Wahrscheinlichkeit, dass sie sich gegenseitig widersprechen: Ein Indikator bezeichnet die aktuelle Phase als bullisch, der andere als bärisch, ein dritter mahnt dich, abzuwarten. Ein weiterer Indikator sagt, du bist überkauft, während wieder ein anderer dir das genaue Gegenteil erklärt. Und irgendwann weißt du dann gar nicht mehr, was denn nun wirklich Sache ist.

Aus ebendiesen Gründen rate ich meinen Teilnehmern immer: »Konzentriert euch auf drei bis vier Indikatoren, das reicht vollkommen aus. Mehr ist wirklich nicht nötig.«

Natürlich habe ich auch so manches andere ausprobiert, aber es existieren etliche Dutzend Methoden, die mehr Ballast als Nutzen für die technische Analyse darstellen. So halte ich persönlich zum Beispiel überhaupt nichts von der Elliott-Wave-Strategie, weil sie für meine Art des Tradings beziehungsweise für die unserer Community gänzlich ungeeignet ist. Ich habe diese Methode tatsächlich selbst schon ausprobiert und auch Analysen gesehen, die damit erstellt wurden. Dabei habe ich festgestellt, dass Elliott Wave in erster Linie für diejenigen gedacht ist, die eine langfristige Investmentstrategie fahren, die also hodln, indem sie Bitcoin kaufen und dann wie eine Aktie liegen und sich entwickeln lassen.

Das ist jedoch bei uns nicht der Fall, denn wir sind Daytrader und wollen von der täglichen Volatilität profitieren. Elliott Wave ist mehrheitlich auf größere Zeiteinheiten wie Vier-Stunden- oder Tagescharts ausgerichtet. Darüber hinaus lässt das System keine genauen Einstiege zu, weil es keine exakten Preispunkte, sondern immer nur Ranges, also größere Preisbereiche, anbietet. Typischerweise heißt es dann zum Beispiel: »Der Bitcoin-Kurs wird aller Voraussicht nach bald wieder auf 80.000 Dollar zurückgehen. Für den Einstieg bietet sich damit eine Range zwischen 80.000 und 90.000 Dollar an.«

Für mich als Daytrader ist eine solche Angabe verständlicherweise vollkommen wertlos, denn: Was soll ich mit einer Range von 10.000 Dollar anfangen? Diese Methode hilft mir überhaupt nicht, da sie mir keinen Hinweis darauf gibt, ob ich erst bei 80.000 Dollar einsteigen soll oder bereits früher bei 82.000 Dollar oder vielleicht sogar schon bei 85.000 Dollar. Für Long-Term-Hodler mag sich Elliott Wave als gute Alternative anbieten, aber für uns Daytrader und auch bei Bitbull Trading ist diese Methode schlicht unbrauchbar.

Weitere Strategien habe ich persönlich nicht mehr groß getestet. Ich bin bei der Vektorkerzen-Strategie und der Chartanalyse geblieben. Die oben genannten Indikatoren reichen dafür völlig aus und haben mich bis dato in jeder Hinsicht überzeugt. Wie heißt es so schön:

Never change a running system!

Natürlich halte ich meine Augen und Ohren auch weiterhin offen für Neues, und wenn etwas vielversprechend aussieht, schaue ich mir an, ob es mir nützen könnte. Warum aber sollte ich mich zum jetzigen Zeitpunkt intensiv mit irgendwelchen exotischen Methoden beschäftigen, wenn das System, mit dem ich zurzeit sehr erfolgreich arbeite, zuverlässig funktioniert? Ich kann, wenn ich das möchte, jederzeit an diversen Stellschräubchen drehen. Kleine Anpassungen? Ja, gerne. Ein kompletter Strategiewechsel? Nein, danke – zumindest derzeit nicht.

Mein erstes richtiges Erfolgserlebnis mit dieser Herangehensweise hatte ich übrigens relativ bald nach dem FTX-Crash. Nachdem mir

Gray damals die Funktionalität des »Traders Reality«-Indikators detailliert erklärt hatte und ich begann, damit zu arbeiten, konnte ich zum ersten Mal all die Informationen sehen und verstand endlich, was genau in einem Kerzenchart wirklich passiert, was es mit den verschiedenen Farben auf sich hat, was sie bedeuten oder wie das Volumen zustande kommt. Es war ein Augenöffner, der für meine weitere Entwicklung als Trader entscheidend war. Der wirkliche Aha-Moment kam durch einen neuen Mentor. Mit ihm traf ich mich über einen längeren Zeitraum zweimal pro Woche in Calls, um gemeinsam die Märkte zu analysieren. Erst durch ihn verstand ich wirklich, was es mit Begriffen wie »Volumen«, »Point of Control«, »Volumenprofil der sichtbaren Range« oder »Minus Distribution« auf sich hatte.

Lektionen aus der Schattenwelt

Dieser Mentor war alles andere als ein typischer Trading-Coach. Er war jemand, dessen Lebensgeschichte wie ein Thriller klang: Millionendeals in Asien, Glanz und Schatten – und dann ein Abend, der alles zerstörte. Ein Club, eine Razzia, Handschellen. Acht Jahre Haft in einem fremden Land. Isolation, Zwangsarbeit, Demütigung. Als er zurückkam, war er ein anderer Mensch: gezeichnet von der Zeit hinter Gittern, aber mit einem Blick, der tiefer ging als alles, was ich zuvor im Trading gehört hatte.

Er redete nicht über Indikatoren, sondern über Ströme, über unsichtbare Kräfte im Markt, die alles bewegen. »Schau nicht auf die Kerzen«, sagte er zu mir. »Frag dich: Wo liegt das Volumen? Wo wartet Liquidität? Wohin muss der Markt gehen, bevor er wieder drehen kann?«

Ich saß da, hörte zu und hatte das Gefühl, dass er Dinge sehen konnte, die für mich unsichtbar waren. Als würde er unter der Oberfläche schwimmen, während ich nur die Schaumkronen der Wellen betrachtete.

Wir waren damals zu dritt. Neben ihm und mir noch ein weiterer erfahrener Trader, der Forex und S&P live handelte und mir Tools wie Bookmap näherbrachte. Zum ersten Mal konnte ich den Markt wirklich »sehen«: Blasen, die aufstiegen, Orders, die im Chart wie Herzschläge pulsierten. Das war kein Trading mehr, das war Anatomie – ich sah, wie der Markt atmete und lebte.

Ich probierte das Gelernte sofort aus. Zunächst nur im Kleinen, vorsichtig, fast zögerlich. Doch schnell merkte ich: Das funktioniert! Nicht nur Theorie, sondern Praxis. Ab diesem Moment hörte ich auf, blind Kerzen zu raten, und begann, die Strömungen zu lesen.

Rückblickend war genau das mein Gamechanger gewesen: weniger Hoffen, weniger Bauchgefühl, mehr Klarheit. Weniger Raten, mehr Verstehen. Und genau da wurde mir klar: Das war der erste Schritt weg vom Zocken und hin zu einer echten Strategie.

Hardware & Software

Wer an der Börse traden möchte, benötigt in erster Linie einen leistungsfähigen Laptop mit einem wirklich großen Arbeitsspeicher. Dieser Punkt ist immens wichtig, weil Programme wie TradingView oder auch die Webseiten der Börsen, die man geöffnet hat, Arbeitsspeicher ohne Ende verbrauchen. Unter 16 GB sollte man gar nicht erst anfangen, besser sind natürlich 32 GB, optimal wären 64 GB und alles, was darüber hinausgeht.

Mit den neuesten Generationen des MacBooks ist man auf jeden Fall auf der sicheren Seite. Bei ihnen muss man sich im Gegensatz zu Windows-Rechnern überhaupt keine Gedanken machen, wobei bei letzteren der Prozessor gar nicht so wichtig ist – zumindest solange man nicht parallel auch noch einige andere Anwendungen geöffnet hat. Davon rate ich allerdings dringend ab! Beim Traden sollte man sich einzig und allein darauf konzentrieren und sich durch nichts ablenken lassen.

Ebenso unverzichtbar ist, mit mindestens zwei Bildschirmen zu arbeiten, damit man auf einem die Börse platzieren kann, während auf dem anderen Softwareprogramme wie TradingView oder Analyse-Tools laufen. Auf diese Weise behält man den Überblick, kann optimal analysieren und im Bedarfsfall zeitnah reagieren. Für diejenigen, die hauptsächlich am Laptop arbeiten und viel unterwegs sind, gibt es unterschiedliche Modelle für handliche, zusammenklappbare Bildschirmerweiterungen. Beachten muss man dabei allerdings, dass gerade bei den wichtigen Analyse-Boards auf kleineren Bildschirmen Details teilweise nur sehr schwer zu erkennen sind.

Was die Software betrifft, so ist TradingView das wichtigste Tool überhaupt – ein absolutes Must-have, sozusagen das A und O des Tradings. Auf TradingView werden sämtliche Märkte zusammengefasst, alle Charts, alle Coins, alle Rohstoffe, alle Forex-Märkte, alle Indizes, alle NFTs … Alles, was und womit gehandelt werden kann, lässt sich charttechnisch auf diesem Programm darstellen. Diese Software gibt es als kostenlose Basisversion, für die man sich auch kostenfrei anmelden kann.

Der Nachteil bei der Basisversion mit einem Gratis-Account besteht darin, dass damit lediglich zwei Indikatoren gleichzeitig nutzbar sind. Wer jedoch unseren TradeMania Volumenindikator benutzt, findet darin bereits zahlreiche Funktionen integriert, sodass diejenigen, die damit anfangen und zunächst ein bisschen herumprobieren möchten, fürs Erste kein TradingView-Abo benötigen. Später empfiehlt es sich allerdings, sich sehr wohl für das Abo zu entscheiden, wobei man für die kleinste Variante derzeit (Stand: August 2025) knapp unter 15 Euro pro Monat bezahlt. Aber wie bei allen Dingen in so gut wie jeder Branche gilt: Wer etwas Vernünftiges haben möchte, sollte auch bereit sein, dafür ein bisschen Geld zu investieren. Qualität hat nun einmal ihren Preis.

Ebenfalls extrem hilfreich sind die sogenannten Liquidierungs-Maps, die anzeigen, wo sich gerade Volumen aufbaut. Für uns als Daytrader am allerwichtigsten ist die Liquidation-Heatmap, da sie ganz genau zeigt, wo Market Maker voraussichtlich Liquidität holen werden. Liegen zum Beispiel beim 100.000-Dollar-Level 600 Millionen Dollar an offenen Positionen, die rausliquidiert werden würden, wenn der Preis unter diese Marke fallen sollte, ist klar, dass dieses Level früher oder später angelaufen wird.

Die Market Maker, über die ich bereits gesprochen habe, bewegen sich immer in Richtung Liquidität und wollen stets neues und frisches Geld hereinholen. Darum wissen wir auch ganz genau, dass diejenigen, die auf diese Weise rausliquidiert wurden, sich neuerlich Gedanken darüber machen müssen, wann sie wieder einsteigen. Auf diese Weise ergibt sich ein kontinuierlicher Kreislauf zu den Liquidierungen hin.

Extrem wichtig sind auch Wirtschaftsdatenkalender, und hier wiederum vor allen anderen der Wirtschaftsdatenkalender der traditionellen Märkte. Viele unterschätzen diesen Punkt, aber News wie Inflationszahlen, FED-Entscheidungen oder Arbeitsmarktdaten haben einen enormen Einfluss auf die Märkte. Wir müssen stets ganz genau über die Wirtschaftsnews des jeweiligen Tages beziehungsweise der gesamten Woche Bescheid wissen. Dies ist der Grund, weshalb ich solche Informationen immer am Montag in unsere Update-Videos auf YouTube und anderen Plattformen hineinpacke. Selbstverständlich gibt es auch dafür ein eigenes Tool, das zum Beispiel auf investing.com zur Verfügung gestellt wird und wo man sämtliche Wirtschaftsdaten der gesamten Woche für die USA einsehen und diese sogar nach Priorität filtern kann.

Für jeden Wirtschaftsbereich lassen sich im Kalender die vergangenen, die aktuellen und auch die prognostizierten Daten nachschlagen. Sollte es zwischen diesen drei Parametern größere Abweichungen geben, kann es erfahrungsgemäß im traditionellen Markt, sprich im NASDAQ und im S&P, sehr volatil werden. Unter Umständen könnte es sogar zu einem Absturz kommen, und wenn das passiert, ist es sehr unwahrscheinlich, dass der

Key Facts Kapitel 4 – Technik & Analyse: Lektionen aus dem Bärenmarkt

» **Bärenmärkte haben ihre eigenen Regeln: Klassische Muster aus dem Bullenmarkt verlieren in Crash-Phasen häufig ihre Gültigkeit.**

» **Supports & Widerstände sind dein Fundament: Falsch gesetzt - und der gesamte Trade kippt.**

» **Weniger ist mehr bei Indikatoren: Drei bis vier gute Tools (zum Beispiel Volumen, RSI, MACD) reichen völlig aus.**

» **Volumen ist der wahre Treiber: Kerzen zeigen das an, was war; das Volumen verrät, wohin es geht.**

» **Flexibilität schlägt Starrheit: Strategien müssen sich an den Markt anpassen, nicht umgekehrt.**

Kapitel 5:

Aus kleinem Kapital viel Gewinn erwirtschaften

BTC-Trading in Krisenzeiten

2020 und 2021. Corona. Die Welt im Ausnahmezustand.

Märkte krachten, Grenzen wurden geschlossen, das Leben wurde eingefroren. Für die einen war es ein Fluch, für mich ein Segen. Zu jener Zeit lebte ich mit meiner damaligen Freundin in Holzgerlingen. Tagsüber arbeitete ich für Daimler, abends beschäftigte ich mich mit Charts und Krypto.

Dann schlug der Crash zu. In nur zwei, drei Wochen rauschten die Märkte über 30 Prozent nach unten. Ein historischer Absturz, wie man ihn vielleicht ein Mal im Leben sieht. Für die Mehrheit ein Schock, für Börsengurus ein Fest: Solche Momente sind Goldgruben. Und diesmal war ich mittendrin.

Lockdowns, Maskenpflicht, Ausgangssperren … Mein Alltag bestand aus Küche, Laptop und Charts. Daimler schickte uns monatelang ins Homeoffice. Dann hieß es eines Tages: »Zurück ins Büro!« Kurze Zeit später wieder: »Ab mit euch nach Hause!« Ein ewiges Hin und Her. Währenddessen stürzte auch der Bitcoin ab, grundelte zeitweise unter 6.000 Dollar herum.

Für viele in Panik war das der Moment, um alles abzustoßen. Für mich hingegen war es das Signal, nachzukaufen – was ich dann auch für einen kleinen vierstelligen Betrag tat. Vielleicht nicht viel, aber wenige Wochen später war daraus ein fünfstelliger Gewinn geworden.

Die Tage danach waren wie ein Ritt auf der Rasierklinge. Bewegungen von 1.000 Dollar im Minutentakt. Dann plötzlich Sprünge von 15.000 oder 20.000 Dollar an einem einzigen Tag. Das eigene Investment schwankte, als säße man in einem Fahrzeug, über das ein Tornado hinwegfegt. Überall Panik, überall Untergangsszenarien: »Krypto-Scam!« – »Bitcoin ist tot!« – »Bubble!«

Doch der Markt beruhigte sich. Lockdowns, Meldungen über neue Impfstoffe. Es interessierte niemanden mehr. Für Trader aber war klar: Solche Gelegenheiten gibt es im Leben höchstens ein oder zwei Mal.

Und dann kam Elon Musk. Ein Tweet: »Tesla kann ab sofort mit Bitcoin bezahlt werden.« Der Kurs explodierte. Krypto-Twitter brannte, Laseraugen-Profilbilder überall, selbst Musk machte mit – und Bitcoin schoss ein weiteres Mal nach oben.

Ich war längst positioniert. Longs liefen, die Gewinne stapelten sich. Innerhalb von zwei, drei Monaten verdiente ich zwei komplette Jahresgehälter. Keine Millionen. Noch nicht. Aber genug, um zu verstehen:

Das hier war erst der Anfang.

Wie man aus kleinen Positionen große macht

An dieser Stelle kam das sogenannte »Compounden« ins Spiel, womit nichts anderes als ein schlaues Nachkaufen gemeint ist.

Hat man eine offene Position, deren Kurs kontinuierlich weiter nach oben geht, dann gibt es meistens einen kleinen Rücksetzer auf einen wichtigen Supportbereich. Danach geht der Kurs wieder nach oben, dann folgt erneut ein kleiner Rücksetzer nach unten, bevor der Kurs wieder weiter nach oben steigt. Ein solcher Kursverlauf ist speziell in einem Bullenmarkt sehr häufig anzutreffen.

Was kann man in einem solchen Fall mit seiner aktuellen Position nun machen, selbst wenn diese anfangs vielleicht sehr klein ist? Man kauft bei den Rücksetzern nach – man »compoundet« – und schiebt dann beispielsweise bei einer offenen Position mit 1.000 Dollar noch einmal 1.000 Dollar hinterher. Zu beachten ist dabei allerdings, dass sich der ursprüngliche Einstiegspreis in Kursrichtung verschiebt, sobald man nachkauft, weil mehr Kapital hineingepackt wird. Das bedeutet aber eigentlich nichts anderes, als würde das System eine neue Position eröffnen. Da die betreffende Position jedoch bereits offen ist, schiebt man einfach zusätzlich Kapital hinein, um seinen Trade größer werden zu lassen. Ist dann die Position größer und zieht der Kurs noch einmal weiter nach oben, verdient man dementsprechend mehr, denn eine größere Position bietet die Chance auf einen höheren Gewinn.

In meinem Fall konnte ich das Compounden bis zum äußersten Ende ausschöpfen und über den gesamten Run-up mitnehmen. Dann kam Weihnachten und ich hatte diese Positionen immer noch offen. Normalerweise sagt man, dass die Weihnachtszeit Urlaubszeit ist, in der die Börsen geschlossen sind und im Normalfall nicht viel passiert. Bitcoin jedoch sollte uns damals eines Besseren belehren …

Es war der erste Weihnachtsfeiertag, ich war bei meiner Familie zu Besuch. Früh am Morgen griff ich verschlafen nach meinem Handy – und traute meinen Augen kaum: Eine Push-Nachricht nach der anderen leuchtete auf dem Display auf. So etwas passiert nur dann, wenn der Bitcoin gerade Achterbahn fährt – entweder steil nach oben oder dramatisch nach unten. Inzwischen hatten sich circa zwanzig dieser Nachrichten angesammelt.

Als ich TradingView öffnete und auf mein Chartanalyse-Tool blickte, sah ich, dass der Kurs über Nacht um nicht weniger als 15 Prozent zugelegt hatte! Wenn man in einer solchen Situation eine offene Position mit einer Hebelposition hat, beispielsweise mit einem 10er-Hebel, macht man mal kurz auf die Schnelle 150 Prozent. Das war erneut eine absolut verrückte Situation und das beste Weihnachten, das ich jemals hatte, weil sich für mich dadurch alles veränderte. Ich wartete allerdings nicht ab, ob der Kurs vielleicht noch weiter steigen würde, sondern realisierte meine Gewinne der vergangenen Nacht in Höhe von rund 150.000 Dollar. Damit hatte ich nun ausreichend Kapital zur Verfügung, das zu meinem Grundstein wurde, um zu reinvestieren und ein paar Altcoins zu kaufen.

Aufgrund der Tatsache, dass als Folge der gesamte Markt explodierte, konnte man damals im Grunde machen, was man wollte. Wer long ging, durfte sich bereits am nächsten Morgen über ein Plus von drei oder vier Prozent freuen. Das war übrigens auch jene Phase, in der ich mir einen Großteil meines heutigen Kapitals aufbaute.

An dieser Stelle muss ich allerdings auch noch einen speziellen Punkt betonen: Hätte ich damals diesen Drop nicht genutzt, um

Geld, über das ich bereits verfügte, in Bitcoin zu investieren und danach zu reinvestieren, und hätte ich keine gehebelten Positionen aufgemacht, dann wäre es mir nicht möglich gewesen, so schnell Kapital aufzubauen. Denn hätte ich stattdessen ebenso abgewartet wie sehr viele, die Bitcoin damals als Scam betrachteten und teilweise sogar einen massiven Rückgang auf null Dollar prognostizierten, dann hätte ich genau wie sie den Zug verpasst.

Aus ebendiesem Grund rufe ich immer wieder dazu auf, sich von den Social Media nichts einreden und sich nicht dermaßen stark emotional beeinflussen zu lassen, dass man offensichtliche Chancen verstreichen lässt. Ich bin in dieser Zeit gegen den Strom geschwommen, was ich bei Gelegenheit immer wieder mal tue, und meine Erfahrung hat mir gezeigt: Wenn du bei Bitcoin gegen den Strom schwimmst, bist du eigentlich immer am erfolgreichsten.

Wenn Retailer, also Investoren, die ganz neu im Markt sind und sich erst frisch mit der Thematik beschäftigen, gerade investiert haben und mit ansehen müssen, dass der Kurs beispielsweise um 1.000 Dollar fällt, geraten sie mehrheitlich sofort in Panik und gehen gleich wieder aus dem Markt raus. Für mich hingegen sind das Chancen, die man nutzen muss. Zugegeben, den Startschuss für diesen Bullenmarkt, den wir 2021 und 2022 erleben durften, hatte ohne Zweifel Elon Musk mit seiner Ankündigung gegeben. Im Grunde war es ein Rausspülen des gesamten Marktes durch den Corona-Crash. Diejenigen, die unbeirrt an Bitcoin glaubten, wurden in weiterer Folge für ihren Mut, den sie damals bewiesen hatten, belohnt.

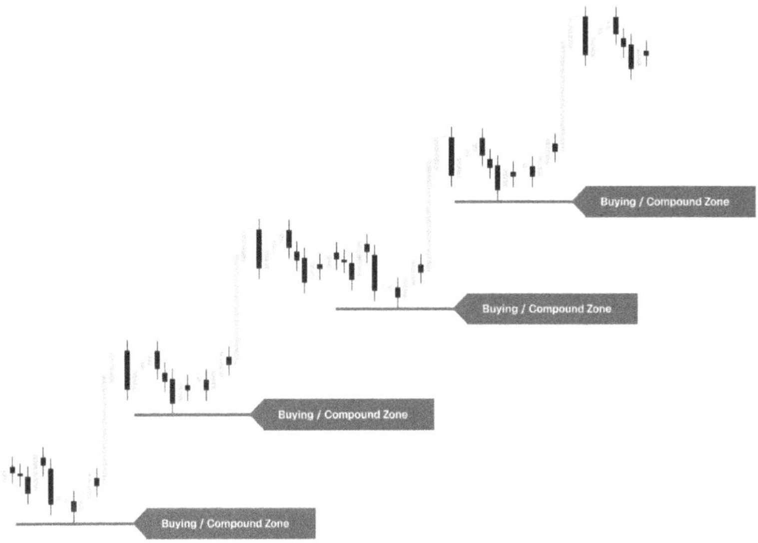

Verzinsung

Neben Compounden und Hebelwirkung darf man einen weiteren wichtigen Aspekt beim Investieren niemals vergessen: den Zinseszinseffekt.

Wer sein Kapital auf einer Bank anlegt, bekommt darauf Zinsen gutgeschrieben – mit ein bisschen Glück vielleicht 1 Prozent, mit etwas mehr Glück möglicherweise 1,25 Prozent. Beide Werte liegen allerdings unterhalb der aktuellen Inflationsrate, und das bedeutet: Je länger das Geld auf dem Sparkonto liegt, desto geringer wird sein Wert und desto weniger kann man sich in zwei oder drei Jahren für den gleichen Betrag kaufen.

Bei der Verzinsung wird dir automatisch durch die Bank Geld gutgeschrieben. Beim Trading hingegen kannst du dir selbst Kapital erwirtschaften, das in Folge deinem Trading-Portfolio beziehungsweise Trading-Account gutgeschrieben wird. Angenommen, du hast 10.000 Dollar zur Verfügung, um damit zu traden, und du erzielst durch ein paar kleine erfolgreiche Trades 1.000 Dollar Gewinn, dann liegen nun 11.000 Dollar auf dem Account zu deiner Verfügung. Mit dieser größeren Summe kannst du, wenn du das möchtest, größere Positionen aufmachen und somit höhere Gewinne erwirtschaften.

Allerdings musst du dir stets der Tatsache bewusst sein, dass das investierte Kapital beim Trading volatil ist und du keine Garantie für einen dauerhaften Gewinn hast. Denn selbst wenn dein Konto durch geschicktes Traden zuvor stark angewachsen ist, schützt ein großer Gewinnpuffer nicht vor Fehlentscheidungen oder Marktcrashs, die letztendlich in hohen Verlusten resultieren können.

Die Möglichkeit, dein Kapital zu vermehren, bietet dir auch ein passives Investment wie zum Beispiel Staking, bei dem du den Börsen Kapital zur Verfügung stellst und dafür im Normalfall eine Jahresverzinsung in Höhe von 5 Prozent bekommst. Das Spannende daran ist, dass nach einem Jahr nicht mehr der ursprüngliche Betrag von 10.000 Dollar verzinst wird, sondern dass du dann 5 Prozent auf 10.500 Dollar bekommst, die wiederum infolge des

Zinseszinses auf 11.025 Dollar ansteigen und so weiter. Wenn es sich in dieser Weise immer weiter aufstakt (so ist es dann beim Trading ebenfalls), hast du irgendwann so große Positionen offen, dass es dir nicht allzu große Sorgen bereiten sollte, wenn einmal ein Trade ins Minus läuft, weil du zuvor bereits entsprechend hohe Gewinne erwirtschaftet hast, die den Verlust kompensieren. So etwas geschieht natürlich nicht von heute auf morgen, sondern erfordert Zeit.

Beim Compounden muss man dem Kurs sehr viel Zeit geben, auf seine Analyse vertrauen und fest davon ausgehen, dass der Kurs gemäß Prognose zulegt. Das ist zum Beispiel genau das, was ich gerade mache: Ich habe aktuell (Stand: August 2025) für rund 2.000.000 Dollar Positionen offen, weil ich davon ausgehe, dass der Markt in den kommenden Monaten weiter an Stärke gewinnt. Wenn ich sehe, dass wir wichtige Widerstände nach oben durchbrechen, neue All-Time-Highs markieren und saubere Rücksetzer bekommen, dann schiebe ich mehr Geld in die Position – und später vielleicht noch einmal. Somit baut sich meine Position allmählich immer weiter auf. Auf diese Weise kann eine kleine Position, die vielleicht ursprünglich bei 10.000 Dollar angefangen hat, auf einmal zu einer werden, die 100.000 Dollar oder 200.000 Dollar groß ist, weil mit dem Trend die Position immer wieder vergrößert wird.

Selbstverständlich beeinflusst die Volatilität diesen Effekt sehr stark. Steigt der Bitcoin beispielsweise an einem Tag einmal kurz um 5.000 oder 6.000 Dollar nach oben und ist diese Position offen, lässt sich in kürzester Zeit viel Kapital erwirtschaften. Ähnliches hat man weder im traditionellen Markt noch im Forex-Markt; dort kann man sich glücklich schätzen, wenn der Anstieg 1 Prozent, 1,5 Prozent oder vielleicht auch mal 2 Prozent beträgt.

Compounden – Liquidierung – Zinseszinseffekt

Gerade beim Compounden ist es enorm wichtig, nicht zu früh zu agieren. Viele begehen den Fehler, nach einem Kursanstieg von zum Beispiel 1.000 Dollar sofort compounden zu wollen. Dabei übersehen sie jedoch, dass sich der Einstieg, wenn sie dann vielleicht das gleiche Kapital in den Trade hineingeben wollen und die Position damit doppelt so groß wird, um ungefähr die Hälfte der Kursbewegung nach oben verschiebt. In unserem Beispiel würde sich der Einstiegspreis also um rund 500 Dollar erhöhen – ein Betrag, der für Bitcoin praktisch keine Bedeutung hat. Als Nächstes geht der Kurs vielleicht runter, wird stark rejected, geht vielleicht in eine Korrekturphase, die durchaus auch mal ein, zwei Wochen dauern kann, und dann bekommen viele Trader große Probleme und spüren Angst.

Ich habe es selbst erlebt, dass ein Trade teilweise über Wochen hinweg nur negativ lief und keine grüne Zahl mehr dran war. Auch so etwas muss ein erfolgreicher Trader mental aushalten können, ohne dass er deswegen in Panik verfällt und die Position schließt. Denn wenn er das macht, wird der Trade mit einer sehr hohen Wahrscheinlichkeit kurz danach drehen. Das passiert meistens. Beim Daytrading sollte man im Schnitt nicht mehr als 5 Prozent riskieren; beim Swing Trading ist es ähnlich, da du eigentlich nur hineincompoundest. Hier solltest du dem Kurs allerdings ziemlich viel Zeit geben. Ich persönlich richte mich dabei nicht nach Prozentzahlen und habe auch beim Swing Trading keinen Stop Loss, weil ich zum einen dem Kurs die nötige Zeit gebe und zum anderen noch einmal Kapital nachschiebe, bevor ich rausliquidiert werde, und damit dafür sorge, dass ich die Position die gesamte Zeit über am Leben erhalte. Eine solche Strategie kann man allerdings nur mit dem entsprechenden Kapital im Rücken fahren. Habe ich eine offene Position, die einen wichtigen Supportbereich durchbricht, auf den ein Rücksetzer folgt, dann compounde ich erst mal nur klein nach und achte darauf, dass ich immer unter einem wichtigen Support bleibe. Das Ganze muss man sich wie eine Treppe vorstellen: Erst geht es hoch, dann folgt eine Seitwärtsphase, dann kommt es zu einer Korrektur, danach geht es wieder nach oben, dann folgt die Seitwärtsphase und anschließend die Korrektur, dann geht es wieder hoch und so weiter und so fort. Dabei bemühe ich mich, die ganze Zeit über unterhalb dieser kleinen Korrekturphasen zu bleiben, weil das die wichtigen Supportlevel für die nächste Bewegung sind.

Wie bereits gesagt, lässt sich mithilfe der Compound-Strategie selbst bei einem sehr kleinen Anfangskapital über einen längeren Zeitraum hinweg viel erreichen. Allerdings muss man sich auch der Tatsache bewusst sein, dass Kapital nachgeschossen werden muss, sobald der Markt entgegen der Position läuft. Das ist übrigens auch der Grund, warum viele mit der Zeit, wenn der Markt immer weiter und weiter nach unten geht, plötzlich kein Kapital mehr zur Verfügung haben – und an diesem Punkt wird es richtig brenzlig. Denn wenn es dann zur Liquidierung kommt, ist das gesamte Kapital verloren. Aus diesem Grund würde ich diese Strategie Anfängern auf keinen Fall empfehlen, sondern allenfalls denjenigen, die schon ein bisschen wissen, was sie tun.

Wer plant, zusätzliches Kapital in seine offene Position zu investieren (also zu »compounden«), muss verstehen, dass sich dadurch der Einstiegspreis nach oben verschiebt. Ein Beispiel:

Wenn deine aktuelle Position 1.000 Dollar groß ist und du weitere 1.000 Dollar hinzufügst, verdoppelst du dein eingesetztes Kapital. Dadurch steigt dein Einstiegspreis um ungefähr die Hälfte der Kursdistanz zwischen beiden Einstiegen nach oben. Würdest du bei deiner offenen 1.000-Dollar-Position hingegen lediglich 500 Dollar nachschieben, also die Hälfte deiner bestehenden Position, erhöht sich dein Einstiegspreis nur um etwa ein Viertel dieser Kursbewegung.

Mit diesem Wissen kannst du leicht selbst berechnen, wie sich Nachkäufe auf deinen Einstiegspreis auswirken. Angenommen, der aktuelle Kurs liegt 10.000 Dollar vom Einstieg entfernt, und du siehst, dass sich ein starker Support (eine stabile Unterstützungszone) gebildet hat. Wenn du nun knapp unterhalb dieses Supports bleiben möchtest, kannst du schrittweise kleinere Beträge nachkaufen, bis du kurz unterhalb dieses Supports bist. Danach stoppst du das Nachkaufen und beobachtest, wie sich der Markt weiterentwickelt.

Viele Trader unterschätzen die Macht des Zinseszinseffekts, weil sie nicht langfristig, sondern viel zu kurzfristig denken. Das »achte Weltwunder«, wie Albert Einstein diesen Effekt genannt haben soll, kann jedoch nur auf lange Sicht gesehen seine Wirkung entfalten – dann aber mit unglaublicher Wucht.

Die meisten können sich nicht wirklich vorstellen, was über einen längeren Zeitraum hinweg mit kleinen Prozenten pro Monat möglich ist. Manche denken, sie fangen heute mit dem Traden an und müssen ab sofort jeden Tag 10 Prozent, 15 Prozent, vielleicht sogar 20 Prozent rausholen. Ganz ehrlich – es wäre schon richtig verrückt, wenn man diese 20 Prozent in einem Monat erreicht.

Da unser Gehirn allerdings auf lineares Denken und nicht auf exponentielles Wachstum programmiert ist, tun sich sehr viele damit unheimlich schwer.

Ein Beispiel: Jemand erzielt tatsächlich jeden Monat 10 Prozent Gewinn auf sein gesamtes Kapital (diese 10 Prozent wären ein wirklich ausgezeichneter Wert). Das bedeutet, er macht im Jahr knapp 214 Prozent auf sein eingesetztes Kapital. Und dann wird es ja immer mehr, denn zunächst sind es »nur« 10 Prozent auf 10.000, dann 10 Prozent auf 11.000, dann 10 Prozent auf 12.100 und so weiter.

Das wiederum bedeutet, dass ein Investment in den ersten Jahren meistens sehr langsam, fast schon unspektakulär wächst, und dass erst nach einigen Jahren die Gewinne merklich ansteigen. Doch je mehr Zeit verstreicht, umso steiler geht die Kurve nach oben.

Noch ein anderes, sehr anschauliches Beispiel: Stell dir vor, jemand hätte im Jahr null bei einer Bank das Äquivalent eines Dollars mit einer jährlich konstanten Verzinsung von 1,25 Prozent hinterlegt und in seinem Testament festgelegt, dass der kumulierte Betrag im Jahr 2025 an dich ausgezahlt werden soll. Dann würden jetzt auf deinem Konto rund 84 Milliarden Dollar zu Buche stehen!

Das ist der Zinseszinseffekt.

Das Besondere beim Traden ist allerdings, dass wir das Ganze sogar noch beschleunigen können, weil wir prozentual höhere Erträge erwirtschaften können. Und wenn du dein Kapital durch Gewinne entsprechend erhöhst, kann es durchaus sein, dass du dein Startkapital innerhalb von wenigen Monaten verdoppelst. Das klingt für jemanden, der bisher immer nur mit niedrigen Bankzinsen zu tun hatte, absolut verrückt. Wenn du das Ganze dann auch noch nachhaltig machst, wird es zum absoluten No-Brainer. Ab etwa 100.000 merkst du meistens zum ersten Mal, wie das Ding so richtig anzieht. Solltest du dann auch noch ein passives Einkommen erwirtschaften, wie dies etwa mit Staking möglich wäre, kannst du deine Positionen einfach laufen lassen und das Ganze wird von allein für dich arbeiten.

Der Zinseszins belohnt Geduld, Weitsicht und Disziplin.

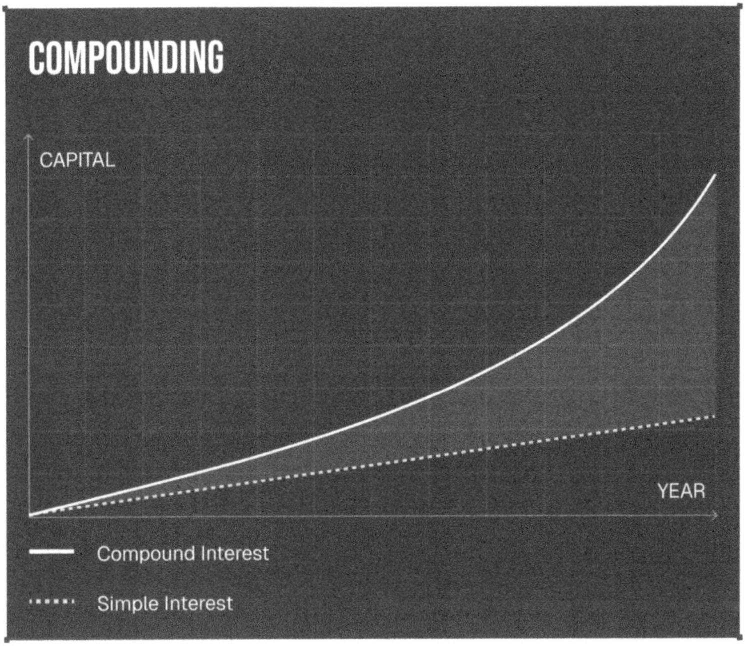

Bevor wir nun weitergehen …

Compounden, Nachkaufen, Zinseszins – das alles klingt nach schnellem Wachstum. Aber die Wahrheit ist: Ohne Kontrolle killt dich das Risiko schneller, als du auf »Buy« klicken kannst. Ein falscher Hebel, ein zu großes Setup – und dein Account ist Geschichte.

Genau deshalb kommt jetzt der wichtigste Baustein überhaupt: Risikomanagement.

Im nächsten Kapitel zeige ich dir, wie du deine Einsätze so strukturierst, dass allfällige Verluste dich nicht zerstören und jeder Gewinn dich wirklich weiterbringt.

Key Facts Kapitel 5 – Lektionen aus der Krise

» Krisen = Chancen: Einbrüche wie etwa der Corona-Crash sind Goldminen für Trader, die mutig nachkaufen, statt panisch zu verkaufen.
» Echtzeit zählt: Wer im Crash schnell und zeitnah reagiert, sichert sich die besten Einstiege.
» Compounden verstärkt Gewinne: Clevere Nachkäufe bei Rücksetzern lassen auch kleine Positionen massiv wachsen.
» Zinseszins ist der Gamechanger: Kapitalaufbau geschieht nicht linear, sondern exponentiell. Geduld und Disziplin machen aus 10K irgendwann 100+K.
» Gegen den Strom schwimmen: Die Panik der Masse wird zu deinem Vorteil. Wer mutig kauft, wenn alle verkaufen, gewinnt langfristig.

Kapitel 6:

Risikomanagement

Wie ich meinen BMW gegen Lektionen eintauschte

Ich war Anfang zwanzig, etwa 23 oder 24 Jahre alt, frisch aus der Ausbildung, bei Daimler angestellt und gerade dabei, mich intensiver mit Trading zu beschäftigen. Tagsüber war ich der brave Angestellte im Konzern, abends der heimliche Zocker im Forex-Markt.

Ich war Mitglied in einer Signal-Gruppe, in der es Trader gab, die Kauf- und Verkaufssignale posteten. Da ich selbst noch keine Ahnung hatte, orientierte ich mich blind an ihren Empfehlungen. Anfangs lief alles erstaunlich gut: Die ersten Gewinne stellten sich ein, und ich fühlte mich wie ein kleiner Börsenprofi. Dann passierte etwas, das ich heute nur als »psychologisches Meisterstück« bezeichnen kann …

Irgendwann meldete sich ein Mann telefonisch bei mir und stellte sich als »Manager« meines Forex-Accounts vor. »Wie cool ist das denn!«, dachte ich – ein persönlicher Ansprechpartner, der mich begleitet. In Wahrheit wusste ich überhaupt nicht, wer dieser Typ war. Keine Ahnung, ob er in Frankfurt, Zypern oder Timbuktu saß. Aber er rief an und lobte mich und mein Vorgehen an der Börse. Seine Mission: mich bei Laune zu halten. Dazu schickte er mir ein paar PDFs mit vermeintlich »geheimen Strategien« – allesamt kompletter Nonsens, wie ich allerdings erst später merkte. Doch damals war ich begeistert und ließ mich tiefer in die Bubble ziehen.

Eine Zeit lang lief es noch wirklich gut, dann kippte alles. Eines Morgens wachte ich auf, griff verschlafen zum Handy – und sah rot. Mein Trade lief gerade mit 1.000 Euro ins Minus. Über Nacht waren Signale geschlossen worden, und natürlich war ich um drei Uhr morgens nicht online gewesen. Da lag ich im Bett, bereits 1.000 Euro ärmer.

Ich weiß noch genau, was ich damals zu mir sagte. Es brannte sich ein wie ein Tattoo: »Verdammte Scheiße, Basti! Diesen Verlust musst du heute noch reinholen.«

Das war der größte Fehler meiner noch jungen Trading-Laufbahn. Ich war überzeugt: Nicht morgen, nicht nächste Woche – nein, ich musste das Loch sofort stopfen. Am selben Tag.

Also tat ich das Dümmste, was man tun kann: Ich tradete auf eigene Faust. Zum ersten Mal ohne Signale, ohne Plan – nur mit dem Bauchgefühl, das mich schon oft in meinem Leben getäuscht hatte. Ich eröffnete größere Positionen, riskierte mehr Kapital, wollte den einen verlorenen Tausender mit einem einzigen Schlag zurückholen.

Von Chartanalyse oder Indikatoren hatte ich keine Ahnung. Ich starrte auf Kursverläufe, bildete mir ein, Muster zu erkennen, und klickte wild drauflos. Long, short, rauf, runter. Das Ergebnis: Der erste Trade lief ins Minus, der nächste endete gleichermaßen mit einem Verlust, dann der dritte … Zwischendurch erzielte ich auch kleinere Gewinne von 200 oder 300 Euro – geradezu lächerlich im Vergleich zu den 1.000 oder 1.500 Euro, die ich bei jedem Fehltrade verlor.

Ich rutschte in einen Rausch. Overtrading pur. Jeder Verlust verleitete mich dazu, noch größere Positionen zu eröffnen in der Hoffnung, der nächste Trade würde alles wieder bereinigen und mich zumindest mit einem Nullsummenspiel aussteigen lassen. Tat er aber nicht.

Stattdessen drehte ich mich im Kreis – in einem Teufelskreis –, aus dem es nur zwei Auswege gibt: Entweder das Kapital ist komplett weg oder man zieht die Reißleine und löscht alles, was mit Trading zu tun hat. Bei mir war es Ersteres. Am Ende eines einzigen Tages waren rund 20.000 Euro verdampft.

Und als wäre das nicht genug, folgten weitere Anrufe. Immer wieder hörte ich Sätze wie: »Zahlen Sie noch einmal 2.000 Euro ein … Starten Sie klein … Arbeiten Sie sich langsam zurück.«

Ich glaubte daran und überwies erneut. Zuerst lief es tatsächlich ein bisschen besser, allerdings nur für sehr kurze Zeit. Die kleinen Gewinne von 50 oder 100 Euro am Tag fühlten sich winzig an, schließlich hatte ich zuvor an manchen Tagen bereits zwischen 7.000 und 9.000 Euro erzielt. Also wiederholte ich meine Fehler: größere Positionen, höheres Risiko. Das Ergebnis: die gleiche Katastrophe. Und die zusätzlichen 2.000 Euro waren ruckzuck weg.

Dann mein letzter Strohhalm: mein 1er-BMW. Mein erstes eigenes Auto, geliebt, gepflegt, auf Finanzierung gekauft. Ich verkaufte ihn für 11.000 Euro und nahm mir stattdessen ein Leasing-Auto. Mit dem Geld wollte ich einen Neustart wagen. Doch statt nun endlich mit der Erfahrung der Wochen zuvor diszipliniert zu handeln, verfiel ich erneut in dasselbe Muster: zu große Positionen, null Strategie, pure Gier. Innerhalb von nicht einmal zwei Monaten war auch dieses Geld weg.

Am Ende blieb nichts außer einer schmerzhaften Erkenntnis: Nicht der Markt hatte mich besiegt, sondern ich mich selbst. Keine Analyse, kein Risikomanagement, nur Emotionen und der irrationale Drang, alles sofort zurückholen zu wollen.

Gier frisst Hirn.

Und in meinem Fall auch gleich das komplette Konto.

Was ich damals noch nicht verstanden hatte: Nicht die unvermeidlichen Verluste sind im Trading das Problem, sondern der Umgang damit. Mein Fehler war nicht der erste Minus-Trade gewesen, sondern mein Kopfkino danach. Ich wollte alles sofort zurückholen, koste es, was es wolle. Das ist der Klassiker, der Einsteiger immer wieder ruiniert: Overtrading, fehlendes Risikomanagement und der Glaube, man könne Verluste einfach mit Gewalt ausgleichen.

Und genau deshalb lass uns jetzt über das sprechen, was ich damals dringend gebraucht hätte: die Grundlagen eines sauberen Risikomanagements.

Exit-Strategien

Gibt es bewährte Exit-Strategien, mit deren Hilfe sich diese Gier kontrollieren lässt? Ja, solche Auswege gibt es zum Glück. Beim Krypto-Trading beispielsweise habe ich mir feste Regeln gesetzt und für mich festgelegt, bei einem bestimmten erwirtschafteten Betrag den Trading-Tag zu beenden, egal wie spät (oder früh) es gerade ist. Zurzeit ist dieser Punkt erreicht, wenn ich mit Daytrading und/oder Scalping einen Gewinn in Höhe von 1.000 Dollar verzeichne. Habe ich diese Summe erreicht, ist für mich der Zeitpunkt gekommen, um den Trade komplett zu schließen oder zumindest 75 Prozent der Gewinne zu realisieren und dann einfach mal zu schauen, was in den nächsten Stunden noch passiert.

Wichtig ist dabei, sich nicht nur ganz klare Regeln zu setzen, sondern sich dann auch strikt und kompromisslos daran zu halten. Das können selbstverständlich auch kleinere Beträge sein, indem man sagt: »Sobald ich 50 oder 75 oder 100 Dollar erwirtschaftet habe, gehe ich aus dem Trade raus.« Der Markt läuft 24/7, 365 Tage im Jahr. Wenn du das jeden Tag oder vielleicht auch zwei-, dreimal am Tag machst, dann ist es überhaupt nicht schlimm, wenn zwischendurch einmal ein Verlust-Trade dabei ist – solange das Riskmanagement passt. Dadurch entsteht eine gewisse Konstanz, und aus dieser Konstanz wächst Selbstvertrauen. Dann weißt du, wie es geht, du bist im Game, siehst Verluste als unvermeidbaren Teil des Tradings und lernst, diese zu akzeptieren. Und du wirst deinen Fokus nach und nach verstärkt auf eine langfristige Strategie und nicht mehr nur auf einzelne Trades richten.

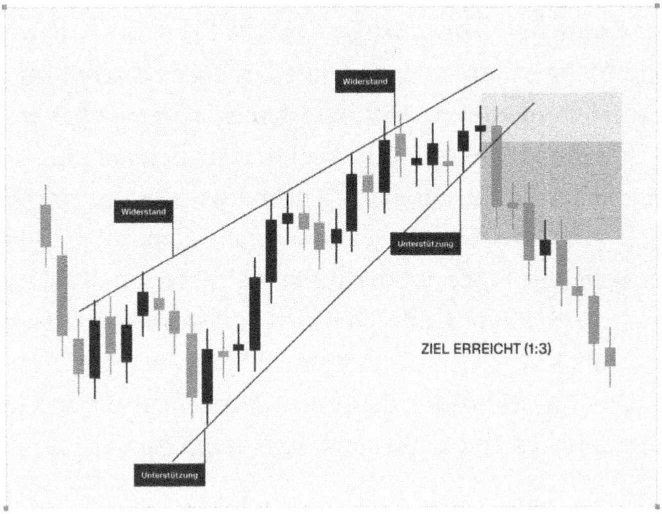

Vergiss nicht, deine Gewinne abzuholen

Abgerechnet wird immer erst am Ende des Monats. Es wird Tage geben, an denen es nicht nach Wunsch läuft – aber das gehört nun einmal dazu. Entscheidend ist, den Blick nach vorn zu richten und langfristig zu denken. Wir sind nicht dafür angetreten, um von heute auf morgen Millionäre zu werden – okay, zumindest die meisten von uns nicht –, sondern wir wollen uns langfristig Schritt für Schritt etwas Nachhaltiges aufbauen. Für die Mehrheit bedeutet dies, dass sie das Traden am Anfang nebenbei betreiben, bis dann irgendwann einmal der Punkt kommt, an dem sie die Entscheidung treffen, ins hauptberufliche Trading zu wechseln, weil kontinuierlich Kapital reinkommt und sie sich die dafür erforderliche Beständigkeit erarbeitet haben.

Mein persönlicher Gamechanger war die Erkenntnis, dass mein Portfolio nicht dadurch wuchs, dass ein Trade »schön im Plus« stand, sondern dadurch, dass ich meine Trades früher schloss, meine Gewinne realisierte und auch tatsächlich abholte. Das ist ein essenzieller Punkt, auf den ich immer wieder mit Nachdruck hinweise: »Ihr müsst eure Gewinne realisieren!« Alles, was du in einem offenen Trade auf der Börse siehst, ist zunächst nur ein Buchwert in deinem Trade. Wirklich interessant wird es erst, wenn du aufs Knöpfchen drückst und 50 Prozent oder 75 Prozent deiner Gewinne abholst – denn erst dann fließt dieses Geld in dein tatsächliches Trading-Kapital und vergrößert es nachhaltig.

Viele, die ins Trading einsteigen, handeln zunächst nicht nach einem bestimmten Plan oder einer festen Strategie, sondern lassen sich von ihren Emotionen leiten. Solange dabei in erster Linie positive Gefühle überwiegen, ist nicht allzu viel dagegen zu sagen – es sei denn, man wird aufgrund zahlreicher guter Trades allzu euphorisch und lässt sich dann im Überschwang seiner Gefühle zu unüberlegten Handlungen verleiten. Problematisch aber ist es auf jeden Fall immer dann, wenn Angst, Gier, Stolz, Neid, Ärger oder Frust das Ruder zu übernehmen drohen. Dann wird es schnell unüberschaubar und Fehler häufen sich.

Ich kann mich noch sehr gut an den Tag erinnern, an dem ich meinen Ethereum-Trade in den Sand setzte und 150.000 Dollar Verlust verbuchen musste. Danach setzte ich bewusst eine ganze Woche lang keine weiteren Trades ab, um mich vorübergehend aus dem Spiel zu nehmen. Ich wollte gewissermaßen aus der Distanz beobachten, wie es mir selbst damit ging. Erst als ich wieder mit mir im Reinen war, konnte ich meinen Fokus erneut auf den

Markt richten. Du siehst also: Selbst ein alter Hase wie ich muss manchmal auf den Reset-Button drücken.

Wenn du merkst, dass du gerade auf dem besten Wege bist, dich in irgendetwas zu verrennen, hilft eine einfache, aber wirkungsvolle Strategie, die sich in solchen Situationen bis jetzt immer bewährt hat, egal wie banal das für dich im ersten Moment klingen mag:

Leg eine kleine Pause ein.

Das kann ein einzelner Tag oder eine ganze Woche sein, vielleicht sind aber auch mal zwei oder sogar drei Wochen nötig, in denen du dich voll und ganz deiner Familie, deinen Freunden, deinem Sport, deinen Hobbys und sonstigen Leidenschaften widmest. Zeit, in der du allem nachgehst, was dir guttut, und das Trading komplett außen vor lässt, um wieder zur Ruhe zu kommen. Schalte das Trading und auch Social Media für eine Weile komplett aus. Es hilft unheimlich, bewusst eine gewisse Distanz zur teilweise extremen Informations- und Reizüberflutung innerhalb der Trading-Welt oder auch innerhalb der eigenen Trading-Community zu gewinnen – Stichwort »Social Media Detox« – und einfach mal wieder einen klaren Kopf zu bekommen. Danach startest du mit neuer Energie und frischem Elan durch und kehrst mit ungetrübtem Blick ins Marktgeschehen zurück.

Die 3:1-Regel

Die 3:1-Regel ist wahrscheinlich das wichtigste Prinzip überhaupt. Dazu habe ich auch ein eigenes YouTube-Video erstellt, in dem ich sehr detailliert auf das Thema eingehe und das auf meinem Kanal unter dem Link https://www.youtube.com/@BitbullEducation zu finden ist. Die Grundaussage dieser Regel ist simpel:

Das Chancen-Risiko-Verhältnis (CRV) sollte immer 3:1 betragen.

Beispiel: Setzt du einen Trade mit einem Stop Loss bei –5 Prozent, sollte dein Take Profit bei +15 Prozent liegen. Der potenzielle Gewinn sollte also stets das Dreifache deines Risikos betragen.

Das wirklich Geniale an dieser Formel besteht darin, dass du – solange du dich strikt daran hältst – theoretisch jeweils drei Trades in Folge ins Negative laufen lassen, also dreimal hintereinander den Stop Loss hitten könntest, sofern der vierte Trade in einen Take Profit läuft und die drei zuvor vergeigten Trades zumindest zu 100 Prozent recovert, damit du am Ende einen Break-even von plus/minus null erzielst. Das wiederum bedeutet: Solange du konsequent die 3:1-Regel befolgst, hast du nicht weniger als vier Mal (!) die Möglichkeit, in einen Take Profit zu laufen – und das ist beim Trading, wie ich zu sagen pflege, »absolut crazy«.

Meine persönliche Grenze dafür liegt bei maximal 5 Prozent Verlust pro Trade – mehr sollte es niemals sein! (Eine ausführliche Erklärung dazu findet sich in dem zuvor erwähnten YouTube-Video.) Ebenso wichtig ist es dabei, zu verstehen, dass mit einem Hebel von beispielsweise 10x ein Stop Loss von –0,5 Prozent bereits einem Verlust von 5 Prozent deines Kapitals entspricht. Das wiederum heißt, dass wir im Daytrading oder beim Scalping maximal –0,5 Prozent an Kursbewegung riskieren. Ich weise immer wieder darauf hin, wie enorm wichtig es ist, auf diesen Aspekt zu achten. Wer sich daran hält, wird langfristig profitabel traden.

Viele wundern sich, warum sie – wenn sie beispielsweise zehn Trades gesetzt haben, von denen sieben im Take Profit geschlossen wurden und drei ins Minus gelaufen sind – trotzdem am Ende mit einem Minus dastehen. Der Grund dafür ist relativ einfach: Sie haben Stop Loss und Take Profit inkonsequent, also unterschiedlich hoch, angesetzt: Mal riskieren sie 5 Prozent, dann vielleicht 10 Prozent, dann machen sie auf einmal einen Swing Trade auf, schließen ihn zu früh, weil sie merken, es läuft nicht, oder warten nicht ab, bis ein Take Profit gehittet wird, und gehen schon früher aus dem Trade ... Das alles sind Einflussfaktoren, die den Effekt der 3:1-Regel verpuffen und so die Gewinne dahinschmelzen lassen. Wer dermaßen kontraproduktiv vorgeht, bewirkt damit nur das genaue Gegenteil von dem, was ursprünglich beabsichtigt war, und hebelt die Vorteile der 3:1-Regel selbst aus.

Die Voraussetzung für deinen Erfolg ist bei dieser Strategie eiserne Disziplin: Hältst du dich nicht punktgenau an den Plan, kann und wird deine Rechnung nicht aufgehen. Was du beim Trading haben möchtest, sind Gewinne. Die 3:1-Regel ist nichts anderes als ein Lifehack fürs Trading:

- Zwei, drei Verlust-Trades sind kein Weltuntergang.
- Schon ein Gewinn-Trade kann die Negativserie ausgleichen.
- Selbst fünf Verlust-Trades in Folge sind kein Beinbruch – solange du deine Regeln konsequent befolgst und dich auf den Cent genau an den Plan hältst.

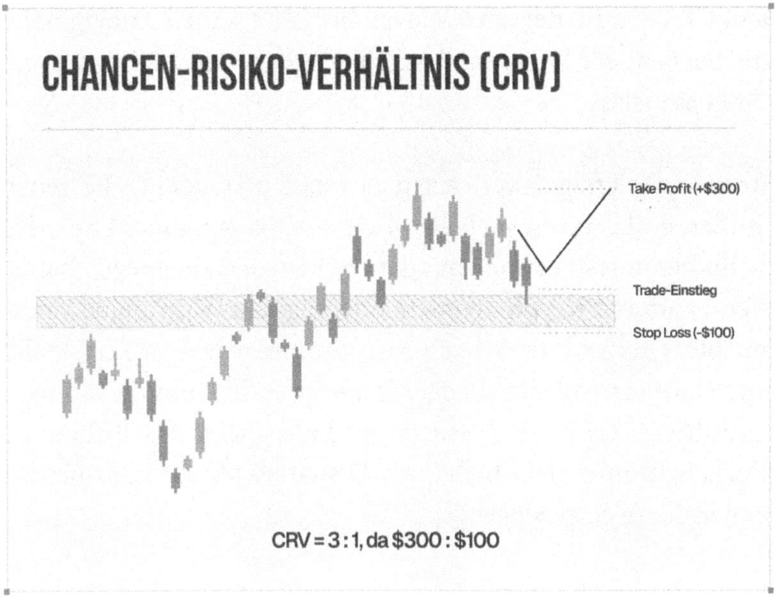

Eine weitere Richtlinie, an der man sein Trading-Verhalten ausrichten kann, ist die Höhe des Kapitals, um einen Trade zu eröffnen. Hier hat sich bewährt, dass man zwischen 5 Prozent und maximal 10 Prozent des Gesamtkapitals als Trading-Kapital verwendet – und das natürlich gehebelt.

Der FTX-Crash

FTX war der Name einer Handelsplattform, also einer Börse, für Kryptowährungen, die ihren Sitz auf den Bahamas hatte und in Antigua und Barbuda registriert war. Die Abkürzung stand für »Futures Trading Exchange« und ist untrennbar verbunden mit dem FTX-Crash, der am 6. November 2022 seinen Anfang nahm und bei dem der Kurs innerhalb einer Woche um 28 Prozent nach unten absackte.

Bis zu jenem Ereignis vertrauten die meisten Trader den Börsen im Großen und Ganzen vorbehaltlos. Es war allgemeiner Usus, dass sie ihr gesamtes Portfolio auf der Exchange-Wallet liegen hatten. Wenn man mit Krypto handeln oder digitale Währungen kaufen möchte, empfiehlt es sich, ab einer Summe von 1.000 US-Dollar eine Hardware-Wallet (Ledger) zu verwenden, um die Coins zu verwahren. Auf diese Weise hat man alles bei sich selbst auf der Blockchain und nicht bei einem Drittanbieter wie zum Beispiel an der Börse gespeichert.

Bei den Wallets unterscheidet man zwischen Hot- und Cold Wallets. Börsen sind Hot Wallets und damit online zugänglich, während man mit Cold Wallets jene Offline-Wallets bezeichnet, in die man nur mit Passkeys und Passphrasen Zugriff hat. Viele hatten damals ihr Geld einfach auf einer Hot Wallet geparkt, weil sie die Verwendung einer eigenen Cold Wallet nicht für nötig hielten.

FTX war zu jenem Zeitpunkt die zweitgrößte Börse weltweit nach Binance und hatte es tatsächlich innerhalb von ein bis zwei Jahren geschafft, diese Position einzunehmen. Die Plattform war aus dem Nichts aufgetaucht, und jeder fragte sich: Wer ist das überhaupt? Wo kommen die auf einmal her? Woher nehmen sie ihr riesiges Kapital? …

Um eine Börse zu eröffnen, benötigt man normalerweise sehr viele starke Geldgeber, zig Millionen an Kapital, Market Maker, ein zuverlässiges System, eine gute Engine … Das alles stampft man nicht einfach mal so von heute auf morgen in den Boden, sondern es erfordert im Normalfall sehr viel Zeit. Und in der Regel bekommen die Mitbewerber sehr wohl auch mit, wenn sich ein neuer Player bereit macht, die Bühne zu betreten. FTX jedoch stand auf einmal da und zog massenhaft neue Nutzer an. Die Börse lief richtig gut und der Handel funktionierte wunderbar. Technisch gesehen war alles einwandfrei.

Dann kamen erste Zweifel auf, wurden Gerüchte geleakt: FTX, so hieß es, solle sich an den Kundengeldern, die auf den Hot Wallets lagen, bedient und diese zweckentfremdet haben, indem sie mit diesem Kapital im Hintergrund gegen die eigenen Trader handelte. Das aber bedeutete, dass dabei nicht nur mit ein paar Hunderttausend, sondern mit Millionen bzw. mit Milliarden von US-Dollar getradet worden war. Sie kauften für sich selbst Coins ein; besonders groß war ihr Engagement in Solana.

Ein pikantes Detail, von dem damals allerdings noch niemand wusste, war die heimliche Liaison von Sam Bankman-Fried, dem CEO von FTX, mit Caroline Ellison. Ellison leitete eine Investmentfirma und verwendete unter Mithilfe von Bankman-Fried missbräuchlich Kundengelder von FTX, indem sie diese in das eigene Trading steckte.

Als Solana und andere Unternehmen crashten, konnten diese Positionen nicht mehr gehalten werden. Weitere Leaks bestätigten später, dass FTX mit den ihnen anvertrauten Kundengeldern massiv Handel getrieben hatte. Dies führte zu einem Bankrun und alle, die auf FTX als Kunden registriert waren und dort ihr

Kapital liegen hatten, versuchten, ihre Gelder abzuziehen. Nun aber stand FTX vor einem weiteren gravierenden Problem: Sie hatten die Milliarden an US-Dollar, die ihre Kunden von ihnen forderten, gar nicht zur Verfügung. Das Kapital, das sie offiziell als ihr Börsenvermögen angegeben hatten, war in Wahrheit nichts als Schall und Rauch gewesen – es existierte schlichtweg nicht. Die Gelder, die die Kunden auf den Wallets gebunkert hatten, waren permanent in das eigene Trading eingeflossen und somit ebenso wenig verfügbar. Und die angeblichen Absicherungen für das Vermögen der Kunden waren gleichermaßen nichts als Lug und Trug gewesen. Alles entpuppte sich als reine Luftnummer.

Was als Nächstes passierte, war nicht nur für mich persönlich extrem spannend: Genau 24 Stunden bevor FTX Auszahlungen und Handel blockierte und die Trader, die ihr Geld abziehen wollten, nichts mehr tun konnten, hatte ich bereits von den sich anbahnenden Ereignissen mitbekommen und den Verdacht gehabt: *Hier stinkt etwas ganz gewaltig.* Ich weiß noch, dass ich damals bereits im Bett lag und plötzlich jede Menge Trade Alerts auf mein Handy erhielt, die mir mitteilten, dass unser Kurs gerade massiv im Fallen war. Ich war verwirrt, ging auf Twitter und dachte mir nur noch: »Ach, du Scheiße!« Die Plattform ging bereits mit Meldungen über den Vorfall über.

Spontan beschloss ich, mich sogleich an den Laptop zu setzen und einen Livestream auf YouTube für unsere Community zu öffnen, der in Folge rund acht Stunden lief. Es war ein prägendes Erlebnis: Ich beantwortete zahllose Fragen und versuchte, unsere Members in ihrer Verzweiflung ein bisschen abzuholen und ihnen moralische Unterstützung zu geben. Ich denke, diese

Stunden gemeinsam vor den Bildschirmen und Displays halfen vielen über den ersten Schreck ein wenig hinweg.

Während allerdings alle anderen noch bei FTX waren und Sam Bankman-Fried nach wie vor auf Twitter postete, dass sämtliche Assets sicher aufgehoben wären und sich niemand irgendwelche Gedanken oder Sorgen um sein Kapital zu machen bräuchte, war ich der Einzige, der auf Social Media vor dem warnte, was am nächsten Tag dann tatsächlich eintreten sollte. Ich riet allen, ihr Kapital ASAP von dieser Börse abzuziehen, solange noch die Möglichkeit dazu gegeben war. Das Ganze war mir einfach nur noch suspekt und nichts ergab für mich mehr Sinn. Meine Devise lautete: Safety first!

Wer wollte, hätte im Nachhinein jederzeit sein Kapital ganz einfach wieder zurücktransferieren können. Das ist heutzutage kein Problem: Man zieht das Kapital ab und schiebt es vorübergehend auf eine andere Börse, falls man zu Hause keine Hardware-Wallet besitzt. Dann wartet man ab und beobachtet, was passiert. Ist alles in Ordnung, macht man die Transaktion mit wenigen Klicks rückgängig.

Kurz darauf wurden die Gerüchte bestätigt und sowohl die Auszahlungen als auch das Trading tatsächlich gestoppt.

Kleine Funfact-Story am Rande: FTX hatte mit FTT einen eigenen Token, der ins Bodenlose absackte, und ich hatte damals noch 5.000 USDT übrig, die auf FTX lagen. Was habe ich also gemacht? Ich dachte mir einfach nur: *Okay, komm, mach dir den Spaß!*, und eröffnete eine 50x-Short-Position auf ihren eigenen Token. Das bedeutete, ich shortete den FTX-eigenen Token auf der FTX-Plattform und wettete auf diese Weise gegen die Börse, dass ihr Kurs einbrechen und alles den Bach runtergehen würde – mit Erfolg: Innerhalb von wenigen Minuten erzielte ich ungefähr 3.000 oder 4.000 Dollar Gewinn, was eine absolut verrückte Aktion war. Dann jedoch wurde auch diese Auszahlung gestoppt, ich konnte auf das Geld nicht mehr zugreifen und dachte mir: *Okay, lass gut sein.*

Der Zusammenbruch von FTX war ein unbeschreiblicher Schock für den gesamten Markt. Millionen von Nutzern verloren buchstäblich alles, was sie dort abgelegt hatten. Die Ereignisse, über die ich gerade gesprochen habe, passierten, als es Nacht in Deutschland war. Die User hätten zwar zu diesem Zeitpunkt ihr Geld noch von der Börse abziehen können – aber die meisten von ihnen schliefen.

Was geschah als Nächstes? Der Kurs crashte, aber die FTX-Trader waren noch immer in ihren offenen Positionen – und zwar cross. Dazu muss man wissen, dass beim Trading zwischen Isolated Trading und Cross Trading unterschieden wird. Beim Isolated Trading riskiert man ausschließlich jenes Kapital, mit dem man in den Trade hineingeht. Sollte jemand den Stop Loss vergessen haben – was grundsätzlich nicht passieren sollte – und der Trade in einen Liquidierungsbereich hineinrutschen, wird die Position automatisch geschlossen und man verliert lediglich den Betrag, den man in den Trade hineingepackt hat.

Der Vorteil von Cross Trading besteht darin, dass man das gesamte Kapital, das auf einer Wallet liegt, einsetzen kann. Angenommen, in der Wallet befinden sich insgesamt 500.000 Dollar, die sich aus Bitcoin, Ethereum, Cardano, USDT und noch ein paar anderen

Coins zusammensetzen, dann kann man theoretisch mit dem gesamten Betrag in Höhe von einer halben Million Dollar eine Position eröffnen.

Möchte man aber beispielsweise USDT isolated traden, kann man die Position nur in der Höhe eröffnen, die man auch tatsächlich in Form von USDT in der Wallet liegen hat. Anders ausgedrückt: Beträgt der Anteil an USDT in der 500.000-Dollar-Wallet lediglich 50.000 Dollar, kann man USDT auch nur mit maximal diesem Betrag traden; die restlichen 450.000 Dollar, die theoretisch ebenfalls noch in der Wallet vorhanden sind, kann man dafür nicht heranziehen.

Das Problem im Falle von FTX war nun allerdings, dass auf sämtlichen Börsen standardmäßig Cross Trading eingestellt war. Das ist übrigens auch heute noch so, weshalb man beim Traden sehr genau auf diesen Umstand aufpassen muss; viel zu viele vergessen, diese Einstellung entsprechend zu ändern. Das Cross Trading funktioniert folgendermaßen:

Man geht ganz normal gehebelt in eine Position hinein, und auf den ersten Blick ist eigentlich nichts ungewöhnlich. Auf den zweiten Blick passiert jedoch Folgendes: Sollte man vergessen haben, einen Stop Loss zu setzen, und der Kurs Richtung Liquidierungspreis laufen, so entnimmt die Börse automatisch Kapital aus der Wallet des Traders, sofern dieser eine solche auf der Börse liegen hat, und packt dieses Kapital in den Trade, um die Liquidierung zu verhindern. Geht der Kurs weiter nach unten und man kommt wieder zu einem Liquidierungspreis, entnimmt die Börse ein weiteres Mal Kapital aus der Wallet, um es erneut in die Position zu stecken. Auf diese Weise wird die Position zwar immer größer und größer, aber irgendwann ist kein Kapital mehr in der Wallet vorhanden. Was aber passiert, wenn nun der Kurs noch weiter sinken sollte und den Liquidierungsbereich durchstößt? Dann ist alles weg. Und genau auf diese Weise wurden in der FTX-Nacht automatisch zahllose Wallet-Bestände liquidiert.

Der häufigste Fehler, der in diesem Zusammenhang gemacht wird, ist der, dass ein Trader beim Öffnen einer Position das Umstellen von Cross auf Isolated vergisst. Die Grundeinstellung mit Cross Trading wurde von den Börsen allerdings bewusst so eingerichtet. Warum? Wenn das Setzen eines Stop Loss vergessen wird, fließt Geld in die Börse: Werden Coins aufgelöst, fallen Gebühren an. Wird Kapital automatisch in den Trade hineingepackt, fallen Gebühren an. Man muss also wirklich bei jedem einzelnen Asset daran denken, entweder die Einstellung zu ändern oder – wenn man das nicht macht – einen Stop Loss zu setzen, damit der Trade vor dem Erreichen des Liquidierungspreises ausgestoppt und geschlossen wird!

Als die FTX-Nutzer nun in der Früh aufwachten, die Nachrichten über den Crash hörten und sich bei der Börse anmeldeten – das war zu dem Zeitpunkt noch möglich –, mussten sie zu ihrem großen Schrecken feststellen, dass ihr Konto auf null war. Warum? Weil sie cross getradet hatten. Das wirklich Perverse (oder wie auch immer man es bezeichnen möchte) bei FTX war nun allerdings, dass das System Coins, also zum Beispiel Bitcoin oder Ethereum, die auf den Accounts der Nutzer gelegen hatten, automatisiert in US-Dollar umtauschte, um offene Positionen, die in einen Liquidierungsbereich abzurutschen drohten, am Leben zu erhalten – zumindest so lange, bis absolut nichts mehr da war. Auf diese Weise löste sich die gesamte Wallet mitsamt dem Ersparten, seitdem sie begonnen hatten, in Krypto zu investieren, innerhalb einer einzigen Nacht in Luft auf.

Alle diese Vorgänge waren – neben anderen Gründen – übrigens nur dadurch möglich gewesen, dass es zu jener Zeit noch keinen Proof of Reserve gegeben hatte. Inzwischen wurde ein solcher bei jeder Börse verpflichtend implementiert. Mit dem Begriff »Proof of Reserve« bezeichnet man die tägliche Rückmeldung der Börse, dass das Kapital in den Hot Wallets der Börse zur Verfügung steht. Das ist auf der Blockchain und in den Wallets jederzeit einsehbar, wodurch sich ganz einfach nachvollziehen lässt, in welcher Wallet der Börse das eigene Kapital liegt. Neben dem Proof of Reserve schaut natürlich auch die US-Aufsichtsbehörde SEC (United States Securities and Exchange Commission) ganz genau auf die Kryptobörsen, ähnlich wie in Deutschland die BaFin.

Der FTX-Crash hatte verständlicherweise einen enormen Vertrauensverlust in den Kryptomarkt zur Folge, und es dauerte ungefähr zweieinhalb Monate, bis die Kurse wieder merklich anstiegen. Natürlich kam es zunächst zu einer Seitwärtsphase, aber danach preschte Bitcoin wieder steil nach oben und stieg zeitweise um über 50 Prozent. Dass dies so rasch möglich war, lag unter anderem darin begründet, dass der Krypto-Space ein eigener Organismus ist: Innerhalb kürzester Zeit kann sich die Stimmung von »The sky is the limit« um 180 Grad wenden und ins genaue Gegenteil umschlagen, sodass alle in eine regelrechte Armageddon-Depression verfallen.

Der Milliardenbetrug von FTX war in seiner Art ein einmaliges Ereignis und für viele Trader ein Weckruf. Heute achten fast alle darauf, nur noch isolated zu traden, anstatt blind einer Börse zu vertrauen. Interessant war übrigens auch, dass im Zuge der Ermittlungen ein Naheverhältnis von FTX zur US-Regierung mit diversen politischen Verflechtungen festgestellt werden konnte.

Sam Bankman-Fried landete natürlich im Gefängnis. Er wurde bereits in mehreren – wenn auch noch nicht allen – Anklagepunkten schuldig gesprochen und wird den Rest seines Lebens hinter Gittern verbringen.

Viele Menschen, die es nicht mehr geschafft hatten, ihr Geld rechtzeitig von ihrem FTX-Account abzuziehen, verloren durch diesen Crash enorme Summen, und einige nicht nur Geld oder Rücklagen, die als finanzielles Polster für den Ruhestand oder vielleicht für die akademische Ausbildung ihrer Kinder oder Enkelkinder gedacht waren, sondern sogar Haus und Hof. Es war wirklich alles weg. Der Crash und die damit einhergehenden Verluste hielten die meisten jedoch nicht davon ab, heute trotzdem wieder zu traden.

Wie hätte das eigene Risikomanagement beim FTX-Crash helfen können? Ein Stop Loss mit der 3:1-Regel hätte praktisch jeden FTX-Trader vor einem Totalverlust geschützt – egal ob Daytrading, Scalping oder Swing Trading. In allen Fällen wäre man dann zwar einfach aus dem Markt gefallen und hätte Verluste realisieren müssen – aber das gehört nun einmal dazu, ist part of the game. Lieber durch einen Stop Loss 5.000 Dollar verlieren als 200.000 Dollar, weil man keinen gesetzt hat.

Diese Thematik ist übrigens auch Teil meines Live-Tradings, in dem ich immer wieder mal ankündige: »Wenn der Kurs unter einen gewissen Level fällt, bin ich raus.« Denn wenn damit zu rechnen ist, dass ein Kurs noch ein Stück weiter nach unten geht, will ich das nicht kompensieren müssen. Ich warte dann lieber auf meine neue Position, meine neue Trade-Möglichkeit, und gehe erst wieder in den Markt, wenn ich eine Chance auf einen Take Profit erkenne.

Verluste gehören dazu – aber unbegrenzte Verluste sind selbst verschuldet. Ein kluges Risikomanagement schützt dich vor einem Totalverlust. Aber der Schutz allein bringt dich nicht voran.

Um erfolgreich zu handeln, musst du wissen, wohin der Markt sich bewegen kann. Genau hier kommen Chart Patterns ins Spiel. Sie zeigen dir Wahrscheinlichkeiten sowie wiederkehrende Strukturen und liefern dir die Basis für fundierte Entscheidungen. Im nächsten Kapitel gehen wir tiefer rein und schauen uns an, wie du diese Muster erkennst und für dich nutzen kannst.

Key Facts Kapitel 6 – Crashkurs in Risikomanagement: Lektionen, die ich teuer bezahlt habe

» Overtrading killt Konten: Verluste sofort »zurückholen« zu wollen, führt fast immer zu noch größeren Verlusten.

» Risikomanagement schlägt Bauchgefühl: Ohne klare Regeln entscheidet die Emotion – und Emotionen sind der schnellste Weg ins Minus.

» Setz nie alles auf eine Karte: Positionsgrößen müssen zum Kapital passen. Wer zu groß einsteigt, ist schnell raus.

» Kapital erhalten & Gewinne machen: Dein erster Job als Trader ist es, zu überleben – nicht, das schnelle Geld zu jagen.

» Akzeptiere Verluste: Jeder Trade kann ins Minus laufen. Entscheidend ist, den Schaden zu begrenzen, statt ihn zu vergrößern.

Kapitel 7:

Chart Patterns

Die Nacht, in der ich den Retest beerdigte

Die Nacht roch nach Kaffee und verbranntem Adrenalin. Bildschirmlicht, Stille, nur das Klicken der Maus. Bitcoin zeichnete seit Stunden eine saubere Struktur – so sauber, dass es fast schon verdächtig wirkte. Ein symmetrisches Dreieck wie aus dem Lehrbuch. Ich kannte die Regeln: Ausbruch, Retest, rein. Easy.

Der Ausbruch kam. Grün. Druck nach oben. Ich wartete diszipliniert auf den Retest, so wie es mir die Videos, Threads und Pattern-Gurus seit Jahren eingebläut hatten. Der Kurs kam zurück, aber nicht »schön«. Ein Docht, dann noch einer, dann so viel Hin und Her, dass der Retest eher wie ein schlechter Witz wirkte. »Trotzdem long«, dachte ich. Regel ist Regel.

Zehn Minuten später: Stopp geküsst. Dann noch einmal ein Schein-Bounce, wieder ein Stopp. Ich blickte auf den Chart, als hätte mich jemand an der Ampel ausgetrickst. Das Lehrbuch-Pattern war da. Die Realität nicht. Mir schoss ein Gedanke durch den Kopf, den ich lange weggeschoben hatte: Vielleicht handeln wir alle dasselbe Muster und laufen damit genau dorthin, wo die Liquidität liegt. Wenn alle dasselbe sehen, sieht es der Markt auch. Und wenn alle denselben Plan haben, ist es für die Großen ein Kinderspiel, erst die Longs abzusammeln und dann »den echten Move« zu fahren.

Ich ließ das Dreieck stehen und blendete alles aus, was mich gerade wütend machte: Pfeile, Zonen, perfekte Screenshots. Stattdessen öff-

nete ich meine Volumen-Ansichten, die Vektorkerzen und unseren Indikator. Plötzlich sah das Bild ganz anders aus: Der »Ausbruch« war lediglich von einem dünnen Volumen getragen, die Kerzen zeigten keinen echten Kaufdruck, nur Lockvögel. Minuten später kam der Impuls, diesmal kräftig. Kein Bilderbuch-Retest, sondern ein kurzer Rücksetzer in einen klaren Support – eine saubere Long-Confirmation. Das Trade-Setup war nicht »schön«. Es war echt.

Ich stieg ein. Enger Stopp, klares Ziel. Der Markt zog los, ohne noch einmal dorthin zurückzukehren, wo ich ihn vorher unbedingt »hübsch« haben wollte. Kein Perfektionismus. Keine Romantik. Nur eine Bewegung, bestätigt von Volumen, Richtung und Struktur. Gewinn mitgenommen. Laptop zu.

In dieser Nacht verstand ich, warum Chart Patterns gleichzeitig genial und gefährlich sind. Genial, weil sie Ordnung ins Chaos bringen. Gefährlich, weil sie in ihrer Einfachheit verführerisch sind. Sie sind ein Hinweis, keine Anweisung. Ein Kontext, keine Garantie. Früher reichte mir ein Ausbruch mit Retest. Heute frage ich zuerst: Wer kauft hier wirklich? Wo liegt die Liquidität? Bestätigen Volumen und Vektorkerzen die Story, die das Pattern erzählt?

Seitdem nutze ich Muster anders. Ein Dreieck, eine Flagge, ein Keil – das ist für mich der Wecker, der klingelt: »Achtung, hier braut sich was zusammen.« Den Trade mache ich erst, wenn die harten Signale stimmen: Impuls, kurzer Rücksetzer, Volumen-Pull, klare Invalidation. Und immer das Risiko im Griff. Denn die eine Frage, die Patterns niemals für dich beantworten, ist die wichtigste: Wo verlierst du, wenn du falsch liegst?

Diese Nacht war der Wendepunkt. Ich hörte auf, nach perfekten Bildern zu suchen, und begann, den Markt zu lesen. Genau darum geht's jetzt: Welche Patterns du kennen solltest und wie sie heute wirklich zu interpretieren sind. Warum »Long-Confirmation« oft stärker ist als der romantische Retest. Und wie du Chartmuster mit Volumen, Vektorkerzen und sauberem Risikomanagement verheiratest, damit aus Linien echte Trades werden.

Einfach und verständlich – und doch viel zu simpel

Chart Patterns sind in der Regel das Erste, womit jeder angehende Trader beziehungsweise jeder, der in diese Branche einsteigen möchte, in Berührung kommt. Ganz gleich, ob man auf Social Media unterwegs ist oder sich ein Video ansieht, fast immer prasselt zunächst alles Mögliche zu diesem Thema auf den interessierten User ein. Warum? Weil die vielen unterschiedlichen Chart Patterns nicht nur auf den ersten Blick sehr simpel wirken, sondern es tatsächlich auch sind: Sie sind nicht komplex, für jeden leicht verständlich, und scheinbar kann jeder Trading-Neuling damit starten. Doch was steckt wirklich dahinter?

Im Grunde genommen bedeutet ein Chart Pattern nichts anderes, als dass man sich verschiedene Konstrukte und Formationen in den Kurs einzeichnet, wie zum Beispiel symmetrische Dreiecke, ein Ascending Triangle oder ein Falling Wedge. Mal zieht sich der Kurs dabei zusammen, mal weitet er sich aus. Insgesamt gibt es etwa zwanzig bis dreißig gängige Muster. Was diese so attraktiv macht, ist die Tatsache, dass sie meist nur ein, zwei klaren Regeln folgen, die man dabei beachten muss.

Ein klassisches Beispiel ist ein Breakout nach oben. Viele Trader steigen normalerweise erst dann ein, wenn dieser Ausbruch bestätigt wurde, wenn der Kurs noch einmal auf ein bestimmtes Supportlevel zurückgeht oder die entsprechende Linie erneut antestet. Kommt dann der erwartete neuerliche Aufschwung in der Gegenrichtung nach oben, spricht man von einem »Retest«. Das heißt nichts anderes, als dass man Chart Patterns erst nach einem erfolgreichen Retest tradet. In der Vergangenheit funktionierte dieses Vorgehen lange Zeit sehr zuverlässig und war gerade im letzten Bullenmarkt, als die Kurse 2020 und 2021 stark stiegen, extrem effektiv.

Doch wie so oft am Markt kannte diese Methode irgendwann wirklich jeder. Auch die großen Player, sprich die Market Maker und Institutionen, waren weder dumm noch blind. Und als plötzlich fast alle Trader nach denselben Mustern agierten, entstand eine regelrechte »Chart-Pattern-Trading-Bubble«. Die Market Maker machten das Spiel eine Zeit lang mit und ließen den Kurs nach oben laufen, nur um ihn dann gezielt abstürzen zu lassen. Damit wurde aus der vermeintlich sicheren Strategie eine Falle. Die Folge: Das Traden nach Chart Patterns funktioniert heute zwar immer noch – allerdings längst nicht mehr mit derselben Treffsicherheit wie früher.

Wie behandeln wir bei Bitbull Trading mittlerweile dieses Thema? Wir achten zwar weiterhin darauf, ob wir irgendwelche Formationen im Kursverlauf ausmachen können, schauen uns diese jedoch nur mehr im Hinblick auf mögliche Anzeichen an: »Okay, hier braut sich etwas zusammen, hier wird demnächst Bewegung reinkommen.« Bei einem symmetrischen Dreieck zum Beispiel zieht sich der Kurs immer weiter zusammen und die Volatilität geht zurück. Wird dann der Kurs noch kleiner und gilt das Gleiche auch für die Volatilität, ist das für uns das Signal: Achtung, hier passiert gleich etwas, hier steht eine Bewegung bevor.

Das Entscheidende dabei ist allerdings, dass wir nicht ausschließlich nach diesem Muster traden; stattdessen nutzen wir zusätzliche Tools wie etwa unseren TradeMania Indikator mit den Vektorkerzen. Damit prüfen wir, ob ein Breakout tatsächlich durch Vektorkerzen bestätigt wird, und achten darüber hinaus auch darauf, ob das Ganze nachhaltig ist, ob gerade viel Volumen in den Markt hereinkommt, ob ein starkes Kauf- oder Verkaufsinteresse beobachtet werden kann und vieles andere mehr.

Ich selbst habe Chart Patterns ursprünglich ebenfalls über Social Media kennengelernt. Als ich damals in die Materie einstieg, stieß ich überall auf Kurse, Videos und Artikel – das Netz war voll mit Beiträgen zum Thema Chart-Pattern-Trading. Dazu ist allerdings auch zu sagen, dass dieses Thema zu jener Zeit von einigen Influencern extrem gepusht wurde. Bekannte Persönlichkeiten aus der Trading-Szene waren allen, die sich damit näher beschäftigten, wohlvertraut. Offiziell schwören sie bis heute auf Chart Patterns und traden angeblich immer noch danach – doch in Wahrheit arbeiten sie längst mit gänzlich anderen Methoden. Trotzdem verkaufen sie es den Leuten weiterhin, denn für die breite Masse sind diese Muster ideal, um sie »abzuholen«. Zudem handelt es sich dabei um eine einfache und leicht verständliche Strategie, die grundsätzlich jeder erlernen kann: Man sieht sich auf YouTube zwei Stunden lang Videos über Chart Patterns an, zeichnet ein paar Linien, und schon könnte man glauben, mittendrin im großen Spiel zu sein. Easy peasy – zumindest auf den ersten Blick. Doch genau das ist der Punkt: Auf diese Weise werden die unbedarften Interessenten in den Markt geholt.

Der Wendepunkt kam für mich vor rund zweieinhalb Jahren, als ich im Bärenmarkt plötzlich erkannte, dass diese Muster im Kryptomarkt bei Weitem nicht mehr so verlässlich funktionierten wie früher. Zwar hielten sich die Chart Patterns noch an Support und Widerstand, aber ein Breakout führte nicht automatisch zum Retest und dann nach oben. Stattdessen pendelte der Kurs wild nach unten und nach oben, danach seitwärts in die Konsolidierung, dann mal nach unten, dann wieder seitwärts …

Das klassische »Bilderbuch-Pattern« – zuerst ein Ausbruch, dann ein perfekter Retest 15 bis 30 Minuten später, gefolgt von einem Kursabfall auf den Support und einem weiteren Durchbruch nach oben – stürzte in sich zusammen. Stattdessen erkennen wir diese Retests eher in einer »Long Confirmation«-Form: Man bricht sehr impulsiv nach oben aus, sieht einen kurzen Rücksetzer auf einen gewissen Support, dann geht es wieder weiter nach oben. Das hat in den letzten Monaten sehr gut funktioniert, und daran wird sich wahrscheinlich in naher Zukunft auch nichts ändern. Im Grunde wartet man eigentlich förmlich darauf, dass der Kurs nach oben ausbricht. Hat man den Einstieg verpasst, wartet man einfach auf einen weiteren möglichen Rücksetzer. Mit dieser »Long-Confirmation« kann man dann eine weitere wunderschöne Position mit einem knappen Stop Loss aufmachen – allerdings nur mit einem sauberen Riskmanagement. Passt dieses nicht, sollte man davon absehen, in den Trade reinzugehen.

Gerade beim Thema Stop Loss waren Chart Patterns ohnehin immer ein wenig tricky. Die Frage lautete stets: Wo sollte man den Stop Loss platzieren, wenn man ausgebrochen war und dann den Retest hatte? Bei Kursen, die teilweise noch sehr weit unten ein Tief hatten, während der Kurs bereits nach oben ausgebrochen war und einen Retest hatte, hätte man den Stop Loss eigentlich unter das aktuelle Tief setzen müssen, was ein Risiko von 7 bis 10 Prozent bedeutet hätte. Im Bullenmarkt war das egal, und die meisten Trader achteten ohnehin nicht auf Riskmanagement, sondern gingen mit hohen Hebeln in den Markt. Und ja, damals war man damit auch fast immer erfolgreich. Warum? Weil der Markt kontinuierlich stieg, der Retest in einem Bullenmarkt zu 90 Prozent funktionierte und in einem solchen Umfeld fast jedes bullische Pattern sein Preisziel traf und jeder Einstieg einen Volltreffer bedeutete.

Ich selbst verließ mich während des gesamten Bullruns fast ausschließlich auf die Chart Patterns, die ich im Hinblick auf meine Investments permanent beobachtete und bevorzugt dafür benutzte, um Breakouts zu identifizieren und dann zuzuschlagen. Mein Ansatz: Wenn diese ausbrachen, machte ich keine neuen Positionen auf, sondern vergrößerte die vorhandene, indem ich immer weiter aufstockte: Brachte ein Breakout eine Bestätigung, kaufte ich nach und vergrößerte so schrittweise meine Position. Am Ende war es nichts anderes als Compounden: Gewinne reinvestieren, Position ausbauen und so über den gesamten Bullenmarkt hinweg bis zum Bullenmarkt-Top mit einer einzigen Trade-Idee nach oben skalieren.

So erfolgreich ich mit Chart Patterns auch war – rückblickend betrachtet, war es teilweise fast schon zu einfach gewesen. Richtig knifflig wurde es erst, als eine größere Korrektur einsetzte. Zwar gab es nach wie vor auch noch bullische Chart Patterns, doch anstatt saubere Aufwärtsbewegungen zu liefern, machten sie nur noch einen kleinen Move nach oben und wurden danach sofort abverkauft. Ende 2022 machte es bei mir klick. Diese unvermittelten Abverkäufe konnten nur eines bedeuten: Die Breakouts nach oben waren nichts anderes als ein Fake und die Market Maker waren gerade dabei, uns Tradern einen gewaltigen Strich durch die Rechnung zu machen. Sie verhöhnten uns regelrecht.

Alternativen zu Chart Patterns

Für mich war an diesem Punkt klar: Ich musste Alternativen finden. Als Trader darf man niemals stehen bleiben – kontinuierliche Weiterentwicklung und fortwährendes Dazulernen sind Pflicht. Natürlich sollte man seine Strategie beharrlich verfolgen, doch man muss sie permanent anpassen und erweitern. Im Laufe der Zeit und mit wachsender Erfahrung erkennst du immer besser, welche Methoden in einer bestimmten Marktphase funktionieren und welche nicht. In einem Bärenmarkt gelten nun einmal andere Spielregeln als in einem Bullenmarkt. Taucht etwa ein bullisches Pattern im Bärenmarkt auf, kann es zwar kurzfristig einen Ausbruch nach oben geben, langfristig sollte man jedoch davon ausgehen, dass der Kurs trotzdem weiter nach unten fällt. Solche kleinen Bewegungen lassen sich durchaus für Long-Positionen nutzen, doch der größere Fokus sollte langfristig auf den Short-Positionen liegen.

Viele, die neu zu uns ins Coaching beziehungsweise in unsere Community kommen, waren davor mehrheitlich relativ blauäugig unterwegs und hatten nichts anderes als Chart Patterns kennengelernt. Dementsprechend waren sie enttäuscht, dass diese nicht mehr so zuverlässig funktionierten wie noch ein paar Jahre zuvor. Natürlich veränderte die Arbeit mit TradeMania und Bitbull Trading ihre Sichtweise nicht nur in Bezug auf die Chart Patterns, sondern auch auf sehr viele andere Dinge. Dazu muss man allerdings sagen, dass wir mit TradeMania und Bitbull Trading noch nicht allzu lange auf dem Markt sind und das Coaching erst vor etwa eineinhalb, zwei Jahren etabliert haben. Den Chart Patterns wurde im Rahmen des Coachings zwar von Anfang an ein eigenes Kapitel gewidmet, in dem jedes einzelne Chart Pattern erklärt wurde, allerdings traden wir gegenwärtig nicht mehr danach. Die Patterns sind nach wie vor relevant, jedoch dienen sie uns heute eher als Vorbereitungs- beziehungsweise Orientierungshilfe und nicht mehr als alleinige Entscheidungsgrundlage.

Dabei lohnt es sich durchaus, zwischen den »veralteten« klassischen Chart Patterns und speziellen Mustern wie etwa den bullischen und bärischen Reversal Chart Patterns zu differenzieren. Formationen wie ein doppelter Boden, eine Bull Flag, ein Ascending oder Descending Triangle sind nach wie vor extrem wertvoll, da sie oft starke Trendumkehrbewegungen signalisieren. Solche Muster handeln wir sehr gerne, weil sie in kurzer Zeit intensive Kursbewegungen bringen.

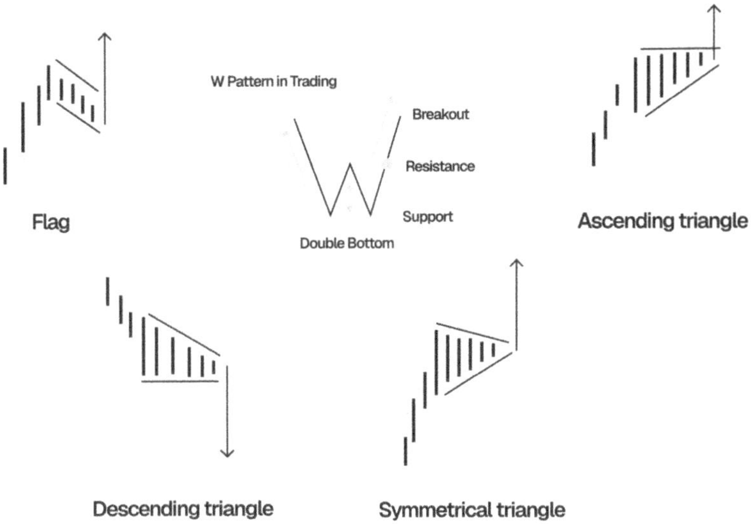

Einige wenige klassische Trader halten stur an den alten Konzepten fest, weil sie sich darin sicher fühlen. Die meisten Members unserer Community sind allerdings permanent auf der Suche nach etwas Neuem, nach dem neuesten Trend, dem nächsten »heißen Tipp«, speziell im DACH-Raum. Erst kürzlich kam wieder jemand auf mich zu und fragte mich: »Basti, da gibt's doch jetzt diesen neuen Indikator, der automatisch Kauf- und Verkaufssignale ausspuckt. Hast du dir den schon angeschaut?« Meine Antwort: »Nein, habe ich nicht.« Ich sehe einfach keinen Grund, jeden Monat einem neuen Hype hinterherzulaufen.

Das eigentliche Problem daran ist meiner Ansicht nach, dass ständig neue Tools und Methoden auf den Markt kommen und viele Trader sich davon blenden und beeinflussen lassen. Dabei würde es vollkommen reichen, eine bewährte Strategie, die funktioniert, konsequent umzusetzen und beizubehalten – die klassischen Chart Patterns einmal ausgenommen. Die meisten Trader, die zu uns stoßen, wollen von uns wissen, welche Alternativen wir anzubieten haben. Und obwohl sie sich unserer Community anschließen und lernen, nach unserem tausendfach bewährten System zu traden, scheinen sie sich nie mit irgendetwas zufriedenzugeben. Der Großteil von ihnen möchte nicht mehr bei den klassischen Methoden bleiben und nach dem alten System handeln, sondern ist permanent auf der Suche nach etwas Neuem, einer neuen Taktik. Sie bleiben in den seltensten Fällen bei ihrer altbewährten Vorgehensweise, sondern wollen stets die nächste Strategie, den nächsten Indikator ausprobieren.

Gerade Anfänger springen häufig von einem System zum nächsten und verlieren genau deshalb Geld. Wenn einmal etwas ein, zwei Wochen nicht nach Wunsch läuft, dann ist in ihren Augen nicht ihre Strategie oder ihr Mindset daran schuld, sondern die Methode, der Markt, das System. Also schauen sie sich ein weiteres Mal nach etwas anderem, etwas Neuem, vermeintlich Besserem um. Sie ändern gefühlt jeden Monat drei-, vier-, fünfmal ihre Strategie und schlagen immer wieder einen neuen Weg, eine neue Richtung ein. Mit einem ständigen Richtungswechsel sind aber Verlust und Misserfolg beim Traden bereits vorprogrammiert. Nicht, weil ihre Methode nicht funktioniert hätte, sondern weil sie ihr nie die Chance gegeben haben, über einen längeren Zeitraum hinweg zu wirken.

Investmententscheidungen werden von zahlreichen Faktoren beeinflusst, seien es Regulierungen und Gesetzgebung, Wirtschaft und Politik, gesellschaftliche und geopolitische Krisen und vieles andere mehr. Speziell Donald Trump bescherte unserer Branche seit seiner Wiederwahl zum US-Präsidenten – vor allem aber in den letzten Monaten – einiges an Kopfschmerzen und viele schlaflose Nächte. Das große Problem mit ihm: Man weiß nie, was als Nächstes kommt. Heute ein spontaner Gedanke, morgen ein polarisierender Post, sei es auf Twitter oder über seine eigene Plattform Truth Social. Er kann mehr oder weniger beinahe jeden Tag mit wenigen Worten die Welt in eine andere Richtung drehen.

Ob der Iran-Israel-Konflikt, der Russland-Ukraine-Krieg oder der Zollstreit zwischen den Vereinigten Staaten und China – setzt Trump einen Tweet ab, geht es sogleich richtig zur Sache, ist er Gesprächsthema auf allen Social-Media-Kanälen. Für jemanden mit einem pathologischen Narzissmus, den ihm viele Experten attestieren, bedeutet das natürlich Wasser auf seine Mühlen. Das Problem dabei ist, dass Trumps Verhalten und seine Eskapaden den traditionellen Markt sehr stark in Mitleidenschaft ziehen. Und auch wenn die Auswirkungen längst nicht mehr so heftig sind wie noch vor einigen Jahren, spürt man die Unruhe dennoch.

Ein gutes Beispiel war der Handelsstreit zwischen den USA und China. Als Trump die ersten Zölle auf Warenimporte aus dem Reich der Mitte ankündigte und von Tag zu Tag immer weiter nachlegte, versetzte seine Ankündigung anfangs den Markt noch in helle Aufregung. Doch die darauffolgenden Meldungen interessierten schon gar nicht mehr, und bereits nach wenigen Tagen verpuffte die Panik. Statt weiterer Abverkäufe kam es zu einer Gegenbewegung bei den Kursen – ein klares Zeichen, dass News meist nur einen kurzfristigen Impact auf den Markt haben, danach aber langfristig gesehen sehr schnell kompensiert werden.

Das gilt übrigens nicht nur für Krypto, sondern gleichermaßen für den traditionellen Markt. Selbst »weltbewegende« Nachrichten führen dort in der Regel nur zwei, drei Tage lang zu Turbulenzen, angesichts derer viele Trader und Investoren sofort an den nächsten Crash denken. Dann jedoch erholen sich Indizes wie der NASDAQ wieder, als wäre nichts gewesen. Genau das ist das Spannende an geopolitischen News: Sie haben kurzfristig großen Impact – positiv oder negativ –, doch über mehrere Wochen hinweg betrachtet, gleichen sich die Bewegungen fast immer wieder aus. Für Trader ergibt sich daraus eine klare Chance, solche Phasen bewusst zu nutzen, und es bieten sich vielfach sogar gute Möglichkeiten, wieder neu in den Markt einzusteigen.

Als der Bitcoin vor einiger Zeit mit knapp 110.000 US-Dollar vor seinem All-Time-High stand, ging es gleich darauf wieder nach unten auf 103.000 Dollar. So etwas kann ganz schnell geschehen, ist aber für uns als Trader kein Grund, um in Panik zu verfallen. Viele Anfänger lassen sich jedoch genau davon verrückt machen: Sie haben bei steigenden Kursen Angst, den richtigen Einstieg zu verpassen, und sehen bei fallenden Kursen den nächsten Crash auf sich zukommen. Als der besagte Handelsstreit ausbrach, dachten nicht wenige an den Dritten Weltkrieg. Natürlich kann theoretisch alles passieren, aber die Realität zeigt: Die Auswirkungen solcher News haben fast immer nur einen kurzfristigen Impact auf die Charts – und diese Kurzfristigkeit musst du als Daytrader geschickt für dich zu nutzen wissen, ohne in Panik zu verfallen.

Genau deshalb sage ich immer: »Wenn Blut auf den Straßen liegt, musst du kaufen. Wenn Panik herrscht, wenn alle verkaufen wollen, dann ist die Zeit gekommen, um deine Bags zu füllen.« Vermögen entstehen nicht am Top eines Bullenmarktes, sondern in Phasen des Crashs, wenn Märkte Wochen, Monate oder auch mal ein, zwei Jahre im Keller liegen. Wer in dieser Zeit Ruhe bewahrt und smart investiert, wird langfristig belohnt. Denn der Chart erholt sich immer – die Frage ist nur, wie lange du ihm Zeit gibst, um sich erholen zu können.

Viele Anfänger und kurzfristige Investoren begehen den Fehler, zu ungeduldig zu sein. Im Glauben, ein Crash werde innerhalb von Stunden wieder abgebaut, gehen sie in den Markt und sehen schon am übernächsten Tag den nagelneuen Lamborghini vor der Tür parken. Doch so läuft es nicht. Oft dauert es eine Woche, zwei Wochen oder sogar einen Monat, bis sich der Markt stabilisiert. Sicher ist nur eines: Derartige News haben mehrheitlich einen zeitlich sehr begrenzten Einfluss. Sie eröffnen Chancen für schnelle Bewegungen, aber auf längere Sicht kehrt der Chart fast immer wieder zu seinem ursprünglichen Trend zurück.

Panik im Crash – und die Falle der Chart Patterns

Ich erinnere mich an einen Coaching-Teilnehmer – nennen wir ihn Tom –, der im Grunde genau das verkörperte, was ich dir eben beschrieben habe. Es war ein geopolitisches Chaoswochenende, neuerlich Unruhen im Nahen Osten. Die Medien überschlugen sich, Twitter war voll von Weltuntergangsszenarien. Und der Bitcoin-Chart sah tatsächlich aus, als würde er gleich implodieren.

Der Kurs notierte bei rund 60.000 Dollar, dann kam die News, und innerhalb weniger Minuten rauschte er um mehrere Tausend Dollar nach unten. Discord explodierte. Capslock-Nachrichten, hektische Stimmen im Voice-Chat. Einer schrieb: »Das war's, wir gehen straight to 5K!« Alles in allem eben die typische Weltuntergangsstimmung, wenn Panik regiert.

Tom war noch relativ neu im Markt, hatte aber bereits fleißig sämtliche Chart Patterns studiert. In seinem Kopf liefen die Lehrbuchbilder im Loop: Head and Shoulders = bärisch. Falling Wedge = bullisch. Retest = Einstieg. Als der Kurs fiel, zog er eine Linie nach der anderen. Er sah ein Descending Triangle – für ihn das sichere Zeichen: Wir brechen gleich noch tiefer nach unten aus. Er tippte mir eine Nachricht: »Ich hau alles raus. Das Pattern ist eindeutig!«

Ich versuchte ihn zu bremsen: »Schau dir das Volumen an. Das ist ein klassischer News-Dump, kein nachhaltiger Trend. Atme durch und warte noch.« Ich wusste ganz genau, was gerade in ihm vorging: schwitzende Hände, Herzschlag bis in die Kehle, der Drang, JETZT handeln zu müssen. Also verkaufte er tatsächlich, und zwar genau am Tiefpunkt.

Zwei Tage später hatte sich der Markt erholt, und Bitcoin stand wieder fast genau dort, wo er vor der Panik gewesen war. Das vermeintliche Descending Triangle hatte sich als Fake-Breakout entpuppt. Tom schrieb mir: »Hätte ich nur gewartet. Ich hab im schlimmsten Moment verkauft.«

Der Fehler war klar: Er hatte das Chart Pattern gesehen, aber nicht verstanden, dass Muster im Vakuum nichts wert sind. Ohne Kontext, ohne Volumenanalyse, ohne Blick auf den größeren Zyklus wird jedes Pattern zur Falle. Genau das war hier passiert:

Lehrbuch-Situation + Panik = teurer Fehler

Für mich war das eine Erinnerung daran, wie gefährlich Chart Patterns sein können, wenn man sie isoliert betrachtet. Auf dem Papier sehen sie perfekt aus; in der Realität sind sie jedoch oft nur der Köder, den Market Maker auslegen, um ungeduldige Trader aus dem Markt zu spülen.

Die Lektion aus dieser Episode ist simpel: Chart Patterns mögen hilfreiche Werkzeuge sein, aber sie sind mit Sicherheit keine Garantien. Wer blind auf sie vertraut, läuft Gefahr, in die Fallen von Market Makern oder kurzfristigen News-Impulsen zu tappen. Genauso ist es mit äußeren Rahmenbedingungen: Sie können Chancen eröffnen oder Risiken. Und damit sind wir bei einem weiteren Punkt, den Trader nie ignorieren dürfen: den regulatorischen Rahmenbedingungen. Denn während Panik im Chart meist nur kurz anhält, können politische Entscheidungen und neue Gesetze den Markt nachhaltig verändern.

Ein Beispiel dafür ist die MiCA-Verordnung …

MiCA: Wenn Brüssel den Kryptomarkt aufmischt

Neben den kurzfristigen Impacts, die wir eben besprochen haben – also geopolitische Ereignisse, Tweets und News, die zwar die Märkte kurzzeitig in Bewegung bringen, sich aber meist schnell wieder regulieren –, haben wir es als Trader immer wieder mit gesetzlichen Änderungen zu tun. Aktuell betrifft das die MiCA-Verordnung (Markets in Crypto-Assets Regulation), die am 1. Januar 2025 vollständig in Kraft getreten ist und einen einheitlichen Rechtsrahmen für Kryptowerte in der EU schaffen soll. Ziel dieser Verordnung ist es, Marktmissbrauch einzudämmen, Anleger zu schützen sowie eine regulatorische Klarheit für Unternehmen zu schaffen, die Kryptowerte ausgeben, anbieten oder Dienstleistungen erbringen. Konkret geht es um strengere Lizenzpflichten für Krypto-Dienstleister, höhere Transparenzanforderungen sowie die Regulierung von Marktmanipulation und Insiderhandel.

Viele Trader hatten zu Beginn große Angst davor, dass MiCA zu radikalen Veränderungen im Trading-Alltag führen würde, dass man etwa gar nicht mehr traden dürfe oder dass bestehende Positionen geschlossen werden würden. Tatsache ist jedoch, dass sich für einfache Trader wie dich und mich nichts geändert hat. Warum aber kam es überhaupt zu diesen Ängsten?

Die MiCA-Verordnung schaffte EU-weit harmonisierte Regeln für den Handel mit Stablecoins, also mit Kryptowährungen, die im Gegensatz zu anderen digitalen Währungen wie etwa Bitcoin, die starken Preisschwankungen unterliegen, so konzipiert sind, dass ihr Wert stabil bleibt. Wenn ich hier eine persönliche Anmerkung anbringen darf: Meiner Meinung nach hat sich die EU damit wieder einmal selbst ins Bein geschossen, denn im Endeffekt bedeutete es nichts anderes, als dass der Handel mit USDT offiziell verboten wurde.

Die Kryptowährung USDT wurde im Jahr 2014 von den Unternehmern Brock Pierce, Reeve Collins und Craig Sellars ins Leben gerufen und sollte eine Brücke zwischen dem Kryptomarkt und traditionellen Fiat-Währungen schaffen. Ursprünglich unter dem Namen »Realcoin« bekannt, wurde sie 2014 in »Tether« umbenannt. Der offizielle Handel dieses an den US-Dollar gekoppelten digitalen Tokens begann 2015.

Nun muss man allerdings wissen, dass fast alle großen Kryptobörsen, Chart-Anbieter wie TradingView und unzählige Trader weltweit auf USDT als Stablecoin setzen, weil dieser nun einmal der liquideste Coin und die Basiswährung am Kryptomarkt ist. Bitcoin/USDT oder Ethereum/USDT werden am stärksten nachgefragt. Die Menschen tauschen in USDT um, sie cashen in USDT aus, und wenn sie Fiat umwechseln wollen, geschieht das in den meisten Fällen ebenfalls in USDT.

Und was machen unsere überbezahlten Intelligenzbestien in der EU? Sie verbieten den Handel mit USDT ganz einfach aus dem einen Grund, weil USDT in den USA so erfolgreich genutzt wird.

Als die MiCA-Verordnung spruchreif wurde, klang dies für zahllose Trader nach Untergang. Panik machte sich breit, dass ihre langfristigen Positionen an der Börse geschlossen werden könnten, und wir wurden mit Fragen überhäuft. Fakt ist jedoch, dass es zu keinen Schließungen von offenen Trades kam, dass man auch weiterhin ganz normal USDT traden darf und die Polizei bei niemandem an die Tür klopft, ganz egal, ob nun jemand eine offene Position mit 50 USDT besitzt oder 500 USDT in seiner Wallet hält.

Was sich durch die MiCA-Verordnung tatsächlich geändert hat, betrifft allein die Börsen. Sie mussten sich anpassen – und haben es clever gelöst: Sie bieten inzwischen eine eigene offizielle EU-Version (.com/EU) ihrer Webseite an, auf der keine USDT-Pairs mehr gelistet sind. Stattdessen werden bei der Google-Suche nach Bitget, Bitunix oder Phemex USDC angezeigt. Gleichzeitig sind die User aber auch weiterhin auf der internationalen Seite (.com) angemeldet und können dort ganz normal mit USDT handeln.

Langer Rede kurzer Sinn: Die MiCA-Regulierung findet sowohl Befürworter als auch Gegner, aber sie ist für den einfachen Daytrader nicht mit unmittelbar relevanten respektive einschneidenden Auswirkungen verbunden. Für uns bedeutet das: Es gibt praktisch keine Einschränkungen. Zum einen können wir als Trader jederzeit switchen und wie gehabt weiterhin USDT traden, zum anderen haben die Börsen ihr Angebot in der oben beschriebenen Weise lediglich umgeschichtet. Ein kleiner Stolperstein kann höchstens sein, wenn Auszahlungen in USDT im Steuerreport auftauchen – aber selbst diese Herausforderung ist lösbar.

Mein persönliches Fazit zur MiCA-Verordnung? Ganz ehrlich: kompletter Quatsch und so entbehrlich wie ein Heizstrahler am Äquator. Wieder einmal ein typisches Beispiel dafür, wie Bürokraten versuchen, Gesetze zu schaffen, die am Ende mehr Symbolik als Wirkung haben.

Kommen wir zum Schluss noch einmal zurück zu den Chart Patterns. Klar, es gibt Trader, die bis heute darauf schwören – und wenn es für dich funktioniert, dann mach genauso weiter. Erfolg ist Erfolg, egal mit welcher Methode. Aber die Wahrheit ist: Ich persönlich kenne niemanden mehr, der damit langfristig wirklich profitabel unterwegs ist. Viele große Namen auf Social Media pushen Chart Patterns immer noch, weil sie sich leicht erklären und gut verkaufen lassen – nicht unbedingt, weil sie die Realität des Tradings widerspiegeln. Wenn du also aktuell gute Ergebnisse erzielst: Top, bleib dabei. Aber sei dir bewusst, dass du früher oder später an einen Punkt kommen wirst, an dem du mehr brauchst als Linien und Dreiecke. Und genau dann solltest du offen für Alternativen sein – Tools, die tiefer gehen und dir wirklich zeigen, was im Markt passiert.

Chart Patterns zeigen dir die Form – Vektorkerzen zeigen dir die Kraft dahinter.

Wenn ein Ausbruch passiert, willst du wissen: Wer schiebt wirklich? Volumencluster, Liquidity-Runs, aggressive Käufer/Verkäufer – genau dort setzen Vektorkerzen an. Im nächsten Kapitel öffnen wir die Motorhaube des Charts: Wie Vektorkerzen entstehen, was sie signalisieren und wie du sie mit Supports, Widerständen und unserem Volumenprofil kombinierst, um Entries und Exits präziser zu timen.

Key Facts Kapitel 7 – Chart Patterns decoded

- **Einfach ≠ zuverlässig: Chart Patterns sind leicht zu lernen, aber ihre Treffsicherheit hat abgenommen, vor allem seit der Bärenmarkt-Phase.**
- **Retest ist kein Gesetz mehr: Statt »Breakout → Retest → Go« funktionieren heute oft impulsive Ausbrüche mit kurzer Long-Confirmation – nur mit sauberem Risiko-Setup.**
- **Kontext schlägt Form: Muster allein genügen nicht. Volumen, Liquidität, Vektorkerzen und Momentum entscheiden, ob ein Move trägt.**
- **Stop Loss smart setzen: Historische Tiefs als Stop Loss nach einem Ausbruch sind oft zu weit weg. Enge, logisch begründete Stop Losses an frischen Supports sind obligatorisch.**
- **Weiterentwickeln statt hoppen: Die Strategie stetig anpassen und vertiefen – nicht monatlich das »neue Wunderding« jagen. Beständig profitabel schlägt kurzfristig fancy.**

Kapitel 8:

Vektorkerzen

Signale lesen, bevor sie entstehen

Es gibt Trader, die stundenlang auf Charts starren und darauf warten, bis ein Signal auftaucht. Und es gibt Trader wie Gray.

Die meisten in unserer Community kennen ihn nur unter seinem Nickname »Commander Gray«. Seit Januar 2022 ist er bei TradeMania fester Bestandteil und unser Fels im Discord-Server. Während andere noch Linien zeichnen, sieht er Bewegungen, die noch gar nicht da sind. Er postet Analysen, gibt Updates und beantwortet unermüdlich die Fragen unserer Members – jeden Tag, von früh bis spät.

Schon bevor es TradeMania gab, coachte er monatelang kleine Gruppen, immer fünf Leute auf einmal. Heute betreut er ganze Sessions mit Hunderten Teilnehmern gleichzeitig. Freitags, im »Talk zum Wochenende«, sitzen oft 700 oder 800 Leute im Channel, und trotzdem bleibt alles klar und ruhig. Warum? Weil Gray es irgendwie schafft, selbst hitzige Themen wie Trump oder den Gaza-Konflikt auf neutraler Ebene anzusprechen, ohne dass die Diskussion zu entgleisen droht.

Einmal sagte er lachend: »Eigentlich bin ich nur aus Langeweile hier gelandet.« Doch was daraus entstanden ist, hat unser Trading-Game komplett verändert.

Wie farbige Candles mein Marktverständnis vertieften

Das Thema Vektorkerzen lernte ich tatsächlich erst durch Commander Gray kennen, nachdem er am Ende des ersten Corona-Jahres – also Ende 2020, Anfang 2021 – unserer damaligen Telegram-Gruppe beigetreten war. Die Methodik der Vektorkerzen war ein sehr alter Indikator aus dem Forex-Markt, den es ursprünglich nur für MetaTrader gab, denn TradingView existierte damals noch gar nicht. Jahre später wurde diese Methode von den Jungs von Traders Reality für den Indikator von TradingView adaptiert, damit man ihn auch dort nutzen konnte.

Vektorkerzen-Charts waren lange Zeit ausschließlich im englischsprachigen Raum bekannt, und auch dort nur eher am Rande. Weder im deutschsprachigen Raum noch in der YouTube-Szene gab es irgendwelche Berührungspunkte damit. Für die meisten war diese Methode ein Buch mit sieben Siegeln. Als Gray jedoch in unserer Telegram-Gruppe auftauchte und begann, regelmäßig seine Chartanalysen zu posten sowie unsere Members zu unterstützen, war dieser Indikator von Anfang an mit dabei. Das führte in weiterer Folge natürlich zu zahlreichen privaten Nachrichten an ihn, sobald er wieder eines seiner Bilder gepostet hatte: »Warum sind die Candles grün? Warum sind sie blau? Was bedeutet Lila? Was sind Pivot Points?«

Ich gebe gerne ganz offen zu, dass ich monatelang davon eigentlich gar nichts wissen wollte. Ich war damals noch mit meinen eigenen bewährten Methoden sehr zufrieden – »Never change a running system«, wie man so schön sagt. Warum hätte ich also etwas anderes ausprobieren sollen?

Als sich dann aber, wie im vorangegangenen Kapitel beschrieben, das Blatt wendete, die Spielregeln sich änderten und immer mehr meiner Trades in einen Stop Loss liefen, wurde ich neugierig und begann, mich mehr und mehr dafür zu interessieren. Zu meiner großen Überraschung stellte ich fest, dass mir diese Methode tatsächlich bei meinen Trades half. Mehr noch: Sie eröffnete mir darüber hinaus viele zusätzliche Informationen, die mir bis dahin stets entgangen waren oder die ich vorher schlicht noch gar nicht gekannt hatte. Ich begann, Zusammenhänge zwischen Bewegungen zu erkennen, über die ich mich früher immer nur gewundert hatte: warum der Kurs unvermittelt gestiegen war oder – noch schlimmer – warum plötzlich nach unten hin wieder alles abgeholt worden war. Erst die Mehrinformationen durch diese Vektorkerzen lieferten mir zum ersten Mal einen klaren Hinweis darauf, was wirklich dahintersteckte …

»Vektorkerzen – oder Vector Candles – zeigen im Kern das Tick-Volumen, sprich das innerhalb eines bestimmten Zeitraums gehandelte Volumen, im Chart an, wobei man zwischen vier verschiedenen Farben unterscheidet: Blau und Grün werden für bullische Candles verwendet, Rot und Lila für bärische, und die Standardfarben Rot und Grün, die man von den normalen Candlesticks kennt, werden durch Grau und Schwarz ersetzt. Bei den bärischen Candles steht Lila für 150 Prozent Tick-Volumen, Rot für 200 Prozent. Bei den bullischen Candles steht Blau für 150 Prozent und Grün für 200 Prozent.

Der Indikator liefert dabei gleichzeitig mehrere verschiedene Informationen: Er zeigt durch die Größe und Länge der Candles das normale Volumen an. Er offenbart, ob ein aggressives Tick-Volumen vorliegt, ob also in einem kurzen Zeitraum ungewöhnlich viele Orders hereingekommen sind. Und durch die Skalierung der Timeframes – etwa indem man eine 15-Minuten-Candle in fünf 3-Minuten-Abschnitte splittet – lässt sich ganz genau nachvollziehen, zu welchem Zeitpunkt ein bestimmtes Tick-Volumen entstanden ist. Auf diese Weise kann man rückwirkend erkennen, in welcher Zone diese 15-Minuten-Candle überhaupt erst zur Vector Candle geworden ist: Man geht auf den 3-Minuten-Chart, markiert dort die entsprechende Vector Candle, wechselt danach wieder auf den 15-Minuten-Chart und kann so die Bildung der Vector Candle nachvollziehen. Damit bekommt man die Information, welcher Bereich für den Markt besonders relevant ist.

Die Werte mit 150 Prozent (Lila/Blau) beziehungsweise 200 Prozent (Rot/Grün) sorgen gleichzeitig auch noch für einen Steigerungseffekt, da sie immer anhand der letzten zehn Candles gemessen werden. Startet man zum Beispiel mit einer blauen Vector Candle bei 150 Prozent und bekommt danach eine grüne Candle mit 200 Prozent, ist die erste Candle in der Berechnung noch enthalten. Dadurch ergibt sich faktisch eine Steigerung auf 400 Prozent. Kommt eine dritte Vector Candle in Folge, wären es theoretisch sogar 600 Prozent. Konkrete Zahlen gibt es dabei nicht – es bleibt immer nur ein ›größer als‹-Vergleich im Verhältnis zu den letzten zehn Candles.

Es ist wichtig, zu verstehen, dass solche aggressiven Bewegungen de facto in 99 Prozent der Fälle nicht durch Retail-Trader verursacht werden, sondern fast ausschließlich durch algorithmische

Bewegungen, Ausbruchsszenarien oder den Aufbau von Momentum seitens der Liquidity Provider. Denn Market Maker sind daran interessiert, dass ständig frische Liquidität in den Chart kommt. Wenn der Markt hingegen innerhalb einer bestimmten Range bleibt und einfach nur konsolidiert, geht jeder Trader long oder short und es kommt lediglich zu einem Ausgleich der Positionen, ohne dass der Markt am Ende frische Liquidität aufweist. Deshalb braucht es früher oder später einen Ausbruch aus der Zone.

An welchem Punkt dieser stattfindet, ist grundsätzlich zweitrangig. Der Market Maker beziehungsweise Liquidity Provider könnte jetzt sagen: ›Wenn wir den Markt nachziehen wollen, müssen wir zunächst Kosten aufwenden.‹ Also sorgt er zunächst für einen Push nach oben, wodurch die Long-Seite gewinnt und Short-Positionen rausfliegen. Kommt dann aggressives Tick-Volumen in den Markt, ist die Gefahr groß, dass die Bewegung sofort wieder ›abgeholt‹ wird und am Ende unten sogar noch der Support verloren geht.

Mithilfe der Vector Candles lassen sich alle diese Bewegungen praktisch unmittelbar im Chart nachvollziehen.«

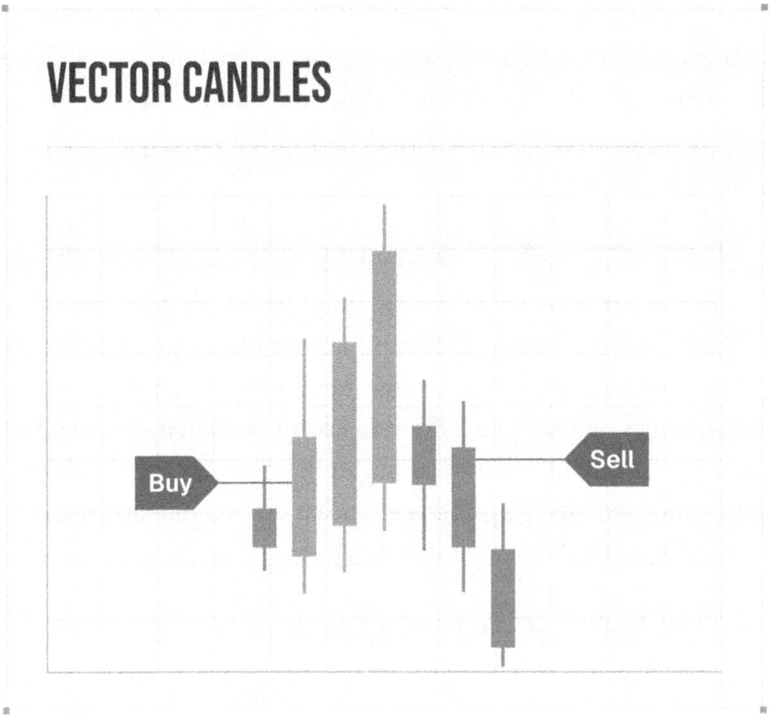

Fehleinschätzungen

Vektorkerzen lassen sich grundsätzlich in allen Marktsituationen gut und universell einsetzen, weil sie helfen, das Marktgeschehen besser zu verstehen. Typische Fehler gibt es dennoch zuhauf.

Der häufigste Anfängerfehler vieler Trader, die damit das erste Mal in Berührung kommen, besteht darin, dass sie davon ausgehen, dass jede Kerze beziehungsweise das durch sie angezeigte

Tick-Volumen immer abgeholt wird. Sie sehen eine grüne Vector Candle und denken automatisch: »Jetzt muss der Kurs runter.« Oder sie sehen eine rote Candle und schließen daraus sofort auf einen Anstieg. Diese Denkweise führt regelmäßig zu folgenschweren Fehleinschätzungen.

Eigenartigerweise ist das Problem dabei nicht nur fachlicher Natur, sondern sogar gesellschaftlich bedingt, weil viele Menschen nur noch in Extremen denken. Wenn man ihnen erklärt, dass Vector Candles üblicherweise abgeholt werden, kommt bei ihnen »werden immer abgeholt« an. Die Differenzierung zwischen »Je nach Szenario werden sie üblicherweise abgeholt« und »Sie werden immer abgeholt« wird oftmals nicht verstanden und kann fatal enden, da man sich damit katastrophal verspekulieren kann.

Ein weiterer klassischer Fehler besteht im Unverständnis in Bezug auf die Bedeutung von Zonen. Um Charts sauber lesen zu können, muss man sie in Strukturen und Zonen einteilen und auf Confirmations achten. Beobachtet man beispielsweise einen Anstieg mit grünen Vector Candles, braucht es einen gewissen Retrace, also eine Korrekturbewegung. Dann kommt es zur Fehleinschätzung, denn viele denken, es muss alles abgeholt werden. Forex und generell der klassische Markt gehen immer von einem 50-Prozent-Retrace aus – es muss aber nicht so sein, denn im Grunde ist es egal. Es genügt jede Form von Retrace, egal mit welchem Wert. Wichtig ist, dass danach Support einsetzt. Wird im Anschluss daran mit dem kommenden Anstieg das letzte Hoch wieder überschritten, liegt eine Confirmation vor. Diese kann quasi eine Bewegung, die zunächst wie Manipulation aussieht, bestätigen und dadurch »real« werden lassen.

Mit anderen Worten: Der Markt denkt bei jedem Anstieg: »Das kann ja nicht sein. Das ist ein Fake Move. Das ist nicht echt. Das ist Manipulation.« Wenn jedoch dieser starke Anstieg, von dem alle denken, er sei Manipulation, ein Stück zurückgeht, dann ein Support eintritt und es neuerlich zu einem weiteren Anstieg kommt, wird quasi die ursprüngliche Manipulation bestätigt und dann eben nicht abgeholt. Der typische Fehler besteht also darin, dass zum einen nicht verstanden wird, dass der Chart in Zonen beziehungsweise in Strukturen eingeteilt werden muss, und dass zum anderen zu sehr in Extremen gedacht wird.

Der eigentliche Ursprung dieses Problems liegt im menschlichen Bedürfnis nach Einfachheit, was die Chart Patterns so beliebt macht: Man muss sich nicht allzu intensiv damit beschäftigen und sie sind leicht zu verstehen – auch wenn sie längst nicht die ganze Wahrheit abbilden. Manches ist viel komplizierter, als es auf den ersten Blick den Anschein hat. In Wirklichkeit muss man im Trading zahlreiche Faktoren kombinieren und berücksichtigen. Wer sich davor drückt, läuft Gefahr, immer wieder in dieselben Fallen zu tappen. »Grüne Vector Candle – danach geht es runter. Rote Vector Candle – danach geht es rauf«, ist nun einmal viel zu einfach gedacht. So funktioniert der Markt nicht.

Entscheidend ist das richtige Mindset

Wenn ich vorhin davon gesprochen habe, dass es sich hierbei um ein gesellschaftliches Problem handelt, dann ist das in Deutschland noch viel ausgeprägter: Hierzulande beschäftigen sich die Menschen viel weniger mit dem Thema Trading als etwa in den USA oder in England. Dort geht man ganz anders mit seinem Geld um, gerade was Kredite angeht. In Deutschland wirst du misstrauisch angesehen, wenn du nicht für jede Kleinigkeit einen Kredit aufnimmst. Aber auch beim Thema Trading herrscht ein völlig anderes Mindset. Selbst wenn man es den Leuten zehnmal erklärt, verstehen viele nicht, dass Trading im Grunde ein Beruf ist.

Wer Trading erlernen und damit Geld verdienen möchte, muss zwangsläufig lernen, wie eine Chartanalyse durchzuführen ist. Warum aber sollte das Erlernen einer Chartanalyse etwas anderes sein als eine klassische Ausbildung? Bei einer solchen geht man ja auch davon aus, dass man mindestens drei Jahre Zeit dafür aufwenden muss, um etwas zu lernen, bis man es vollständig verstanden hat. Aus irgendwelchen unergründlichen Annahmen glauben aber viele, sie investieren zwei oder drei Wochen ein wenig Zeit und Energie, und das würde genügen, damit sie am Ende bereits alles beherrschen.

Das Kernproblem ist zum einen die völlig falsche Erwartungshaltung, zum anderen fehlt es den Leuten massiv an Geduld. Angetrieben wird das Ganze in vielen Fällen durch Gier. Sie sehen, dass andere damit erfolgreich sind und viel Geld verdienen, und denken: »Wenn der das kann, dann kann ich das auch.« Doch das ist ein weiterer Hauptfehler.

Ich bin zutiefst davon überzeugt, dass grundsätzlich jeder mit einer halbwegs guten Auffassungsgabe Trading und Chartanalyse erlernen kann. Voraussetzung dafür ist jedoch, dass er das richtige Mindset und einen festen Willen mitbringt. Wer allerdings von Anfang an mit der falschen Einstellung an das Thema herangeht – insbesondere jener, dass er hierfür nichts lernen muss –, wird sehr bald ein großes Problem bekommen.

Beim aktiven Trading muss man zusätzlich differenzieren. Gerade wenn es zum Beispiel um das Thema Scalp-Trading geht, ist ganz klar festzuhalten, dass diese Form des Tradens nicht für jeden geeignet ist. Auch Daytrading erfordert ein Mindset, das nicht jeder entwickeln kann. Zwar lässt sich die mentale Stärke bis zu einem gewissen Grad trainieren, es gibt aber auch Menschen, von denen man ganz klar sagen muss, dass sie sich ein gewisses Mindset niemals aneignen werden. Das ist einfach so, und daran lässt sich auch nicht rütteln.

Man erkennt das in den verschiedensten Bereichen im »normalen« Leben: Manche Menschen drehen sich ständig im Kreis und begehen immer wieder die gleichen Fehler. Und wenn jemand denselben Fehler fünf- oder sechsmal hintereinander macht und dabei permanent Geld verliert, muss man ganz offen und ehrlich die Frage stellen: »Glaubst du, dass Trading wirklich das Richtige für dich ist?«

Vector Candles – ein Werkzeug, kein Mysterium

Kehren wir nach diesem kurzen Ausflug in die menschliche Psyche zurück zu den Vector Candles. Wie ich dir bereits erklärt habe, ist die Darstellung der Candlesticks im Chart universell einsetzbar und lässt sich mit so gut wie jeder gängigen Trading-Methode kombinieren. Das macht sie so wertvoll: Sie liefert dir jederzeit verlässliche Informationen – vorausgesetzt, du hast gelernt, sie richtig zu lesen und für dich zu nutzen.

Schon zu MetaTrader-Zeiten galten Vector Candle Charts im Forex-Markt als Standard. Hätte es sie damals nicht gegeben, wäre wahrscheinlich früher oder später jemand auf die Idee gekommen, genau so etwas zu programmieren – schlicht, weil der Bedarf dafür vorhanden war. Als ich den Indikator selbst zum ersten Mal ausprobierte, hatte ich sofort dieses Aha-Erlebnis: Das passt. Es war weniger eine Überraschung als vielmehr die Bestätigung dessen, was ich bis dahin über Marktbewegungen verstanden hatte.

Schon in meinen ersten Coachings mit Kleingruppen zeigte sich sehr schnell: Ein wirklich tiefes Verständnis für Vector Candles lässt sich nicht in einer Woche oder in einem Monat erlernen. Man braucht Zeit, Geduld, Training und Übung.

Eine Möglichkeit, die Teilnehmer im Coaching dabei zu unterstützen, sich das eine oder andere besser veranschaulichen zu können, besteht darin, mit Bildern und Metaphern zu arbeiten. Zu diesem Zweck erstelle ich in den Live-Coachings unterschiedlichste Schaubilder, damit das, was ich erkläre, möglichst verständlich bei den Teilnehmern ankommt.

Im Falle der Vector Candles fange ich üblicherweise damit an, den Leuten erst einmal zu erklären, was es mit den 150 beziehungsweise 200 Prozent auf sich hat. Das ist noch relativ einfach und begreift wirklich jeder.

Dann aber beginne ich damit, das Ganze von hinten nach vorn aufzurollen, indem ich den Coaching-Teilnehmern zunächst einmal darlege, was Vector Candles NICHT sind. Als Nächstes erkläre ich, was man unter unterschiedlichem Volumen versteht. Den Begriff »Volumen« gibt es nämlich nicht nur im Sinne einer Geldmenge – es kann ebenso eine Anzahl sein, sprich: wie oft innerhalb einer Vector Candle gehandelt wird. Das verstehen aber viele nicht, denn sie kennen den Begriff ausschließlich im klassischen Sinne als Raummaß, also als das Volumen eines Quaders, einer Kugel, einer Pyramide etc., wie sie dies eben im Schulunterricht gelernt haben. Im Chart gibt es jedoch vier unterschiedliche Arten von Volumen, also erläutere ich ihnen zunächst drei verschiedene Arten von Volumen und stelle ihnen erst danach das Tick-Volumen, die Menge an gehandelten Orders, als das eigentliche Prinzip hinter den Vector Candles vor.

Das Thema »Pivot Points« erkläre ich sehr gerne auf eine etwas unkonventionelle Weise, indem ich die Teilnehmer in die Rolle von chinesischen Spionen schlüpfen lasse, die herausfinden müssen, wie Pivot Points funktionieren und was hinter dieser Linie steckt. Pivot Points sind eine mathematische Berechnung, und über diese zeige ich auf, wie die Linien erstellt werden. Normalerweise sieht jemand einfach nur den Indikator, aber nicht den Quellcode dahinter; also rolle ich auch hier das Ganze wiederum von hinten auf, präsentiere den Quellcode und versuche dann, alles auf eine Weise zu erklären, dass es verständlich wird. Im Grunde ist es ja nichts anderes als eine einfache mathematische Formel.

Wie in solchen Fällen üblich, gibt es natürlich auch hier Kritiker. Manche vertreten die Ansicht, Vector Candle Charts seien nicht nur viel zu kompliziert, sondern überbewertet und somit unnötig. Indikatoren wie beispielsweise RSI, EMA oder MACD sind ihrer Meinung nach für das erfolgreiche Trading vollkommen ausreichend – doch das ist ein Trugschluss. Der RSI beispielsweise bildet lediglich das Offensichtliche ab, nämlich ob der Kurs gestiegen oder gefallen ist. Viele denken, wenn der RSI hoch oder niedrig ist, kann der Kurs nicht mehr weiter steigen oder fallen. Das ist ein Irrglaube. EMAs sind sehr wichtig, aber nur in Kombination wirklich aussagekräftig, wohingegen der RSI-Indikator optional ist. RSI und EMA korrekt anzuwenden, ist viel komplizierter, als die meisten denken. Zudem ist die Reaktionszeit der Vector Candles deutlich schneller und sie liefern zusätzliche Informationen, die andere Indikatoren nicht bieten.

Die entscheidende Botschaft lautet also: Vector Candles sind weder kompliziert noch überbewertet. Sie sind eine Darstellungsweise, mit der man – in Verbindung mit EMAs, Strukturen und Zonen – ein unglaublich präzises Werkzeug in der Hand hält. Wer sie richtig einsetzt, verfügt über einen klaren Vorteil.

Das hat Interesse bei dir geweckt? Dann schau auf unserem Discord vorbei … oder besuche uns auf unserer Homepage: bitbull-trading.com/trademania

»Das eigentliche Problem ist wie so oft ein Skill Gap. Zu verstehen, was Vector Candles sind, ist easy. Damit aber wirklich sauber umzugehen, ist eine ganz andere Liga. Es ist wie beim Gaming oder im Sport: Regeln kapiert man schnell. Aber um im Wettkampf zu bestehen, reicht das nicht aus. Da geht es um Commitment, stundenlanges Training, darum, immer wieder aufzustehen, weiterzumachen.

Vector Candles könnte ich jedem in einer Stunde erklären, denn sie sind kein Hexenwerk und auch keine Raketenwissenschaft, wie man zu sagen pflegt. Aber die Charts danach richtig zu lesen, die Muster zu erkennen, sie in Echtzeit anzuwenden – das dauert Wochen. Und mit ›Wochen‹ meine ich, täglich dranzubleiben, Situationen zu analysieren, Fehler zu machen, sie auszuwerten. Und dann wieder ran. Nach zwei, drei Monaten hat man vielleicht die Basics verinnerlicht. Aber selbst dann geht es weiter: konstantes Üben, konstantes Lernen, bis irgendwann die Aha-Momente kommen. Plötzlich klickt es. Du erkennst Bewegungen, du verstehst sie, du nutzt sie.

Und ab da steigt deine Trefferquote. Genau deshalb arbeite ich selbst – wie so viele aus unserer Community – mit Vector Candles. Die besten Schachspieler sind nicht diejenigen, die nur den nächsten und vielleicht auch noch den übernächsten Zug sehen. Spitzenspieler zeichnen sich dadurch aus, dass sie unglaublich viele Züge und Stellungsvarianten im Vorhinein berechnen und gegeneinander abwägen können, um in der gegebenen Situation den optimalen Zug zu machen. Wer mehr Varianten vorausberechnen kann, hat in der

Regel die größeren Chancen, seinen Gegner schachmatt zu setzen, weil er zwischen mehr Optionen wählen kann.

Genauso läuft es auch im Chart. Du baust dir nicht nur eine Linie auf und hoffst, dass sie hält. Du hast mehrere Szenarien im Kopf. Du weißt, warum der Kurs steigt, fällt oder seitwärts läuft. Du siehst es nicht nur – du verstehst es.«

Vector Candles sind kein Solo-Act. Sie gehören zur PVSRA-Analyse (Price, Volume, Support, Resistance Analysis). In diesem System bilden sie den Part »Price Volume« ab und zeigen ihre volle Power erst, wenn man sie mit Strukturen, Zonen und EMAs kombiniert. Genau dann fügen sich die Puzzleteile zu einem klaren Bild zusammen.

Und noch ein Gedanke zum Schluss: Viele setzen inzwischen ihre Hoffnung auf KI – ChatGPT, Gemini oder sonstige Tools – und träumen davon, dass Algorithmen ihnen die Chartanalyse komplett abnehmen. Klingt verlockend, ist aber nichts weiter als eine Illusion. Wenn es wirklich so einfach wäre, würde heute jeder per Mausklick zum Multimillionär. Doch die Realität sieht anders aus: Kein Bot, kein Signalgeber, keine KI ersetzt die Arbeit, die du selbst leisten musst.

Trading ist und bleibt ein Handwerk. Du musst es selbst erlernen, selbst üben, selbst meistern.

Kapite l 9:

Bitcoin ETFs – Der Ritterschlag für Krypto

Buy the rumor, sell the news – Vom Hype zum Herzstillstand

Ein Freund von mir erlebte den Start des Bitcoin-ETF auf eine Art, die so typisch für den Kryptomarkt war, dass sie fast schon ins Lehrbuch gehört. Wochenlang hatte er die Nachrichten verfolgt, jedes Gerücht aufgesogen, jeden Tweet gelesen. »Jetzt ist es so weit«, hieß es ständig. »Heute kommt der ETF.« Dann: »Nein, doch erst morgen.« Später: »Ganz sicher nächste Woche.« Und in dieser Art stieg die Spannung immer weiter.

Er war einer dieser Trader, die sich von der Euphorie anstecken ließen, und wollte unbedingt dabei sein, wenn die Rakete zündete. Also ging er long. Nicht klein, sondern richtig groß. »Wenn die SEC das Ding genehmigt, geht's durch die Decke«, sagte er zu mir. Ich grinste nur und dachte mir: Buy the rumor, sell the news – alter Klassiker. Aber er hörte nicht auf mich.

Dann kam der Tag X. Cointelegraph meldete plötzlich: »Bitcoin-ETF genehmigt!« Mein Kumpel rief mich sofort an, seine Stimme überschlug sich fast: »Hast du die Charts gesehen?! Grüner Spike ohne Ende!« Er war euphorisch, sein Account zeigte innerhalb weniger Minuten mehrere Tausend Dollar Gewinn. Discord-Gruppen explodierten, alle feierten, johlten. Für einen kurzen Moment fühlte es sich so an, als würde jetzt wirklich die große Party starten.

Doch dann kam die Ernüchterung. Minuten später stellte sich heraus: Fake News. Keine Genehmigung, nur ein falscher Artikel.

Der Markt reagierte brutal. Aus dem grünen Spike wurde ein roter Sturzflug. Innerhalb kürzester Zeit rauschte der Kurs Tausende Dollar nach unten. Die Long-Position meines Freundes? Ratzfatz ins Minus gekippt. »Digga, was ist da los?!«, hörte ich ihn ins Telefon schreien. Ich konnte fast spüren, wie ihm der Schweiß die Stirn und den Nacken hinunterlief.

In der Community herrschte Chaos. Viele hatten genau wie er spekuliert, dass die Nachricht den Kurs nach oben ballern würde. Stattdessen wurden sie liquidiert. Es war ein Massaker in Echtzeit. Die Market Maker hatten mal wieder gezeigt, wie gnadenlos sie die Masse ausquetschen können. Buy the rumor, sell the news – live und in Farbe.

Am Ende des Tages stand mein Kumpel mit einem satten Minus da. Er war fix und fertig, haderte mit sich selbst. Doch nach ein paar Tagen konnte er immerhin über die Ironie lachen. Während sich bei ihm fast der Magen umgedreht hatte, weil seine Long-Positionen zerlegt worden waren, passierte im Hintergrund etwas ganz anderes: Tante Emma kaufte über ihre Sparkasse ihren ersten Bitcoin-ETF.

Keine Panik, keine Charts, kein Herzrasen. Einfach Termin beim Bankberater, 500 Euro monatlich in den ETF, fertig. Während wir Trader im Sekundentakt zwischen Euphorie und Panik schwankten, unterschrieben Omas und Onkels seelenruhig ihre ersten Ansparpläne. Der eine schwitzte vor dem Bildschirm, die anderen tranken Kaffee und machten Krypto nebenbei.

Genau darin liegt der Unterschied: Der ETF öffnete die Tür für die breite Masse, während die Trader-Community ihre eigenen Dramen durchlebte. Für meinen Freund war es eine wertvolle, wenn auch sehr schmerzhafte Lektion gewesen. Für mich eine der besten Geschichten, um zu zeigen, wie unterschiedlich ein und derselbe Markt erlebt werden kann.

Die Geschichte meines Freundes zeigt den Kontrast besser als jede Theorie: Während Trader im Sekundenrhythmus zwischen Euphorie und Panik taumeln, unterschreibt Tante Emma ganz entspannt bei ihrer Sparkasse ihren ETF-Sparplan. Für die einen Herzinfarkt, für die anderen Routine. Und genau darin steckt die eigentliche Kraft der Bitcoin-ETFs: Sie machen Krypto massentauglich. Um das zu verstehen, schauen wir uns jetzt an, was ETFs eigentlich sind, wie sie funktionieren – und warum sie langfristig ein echter Gamechanger für Bitcoin sind.

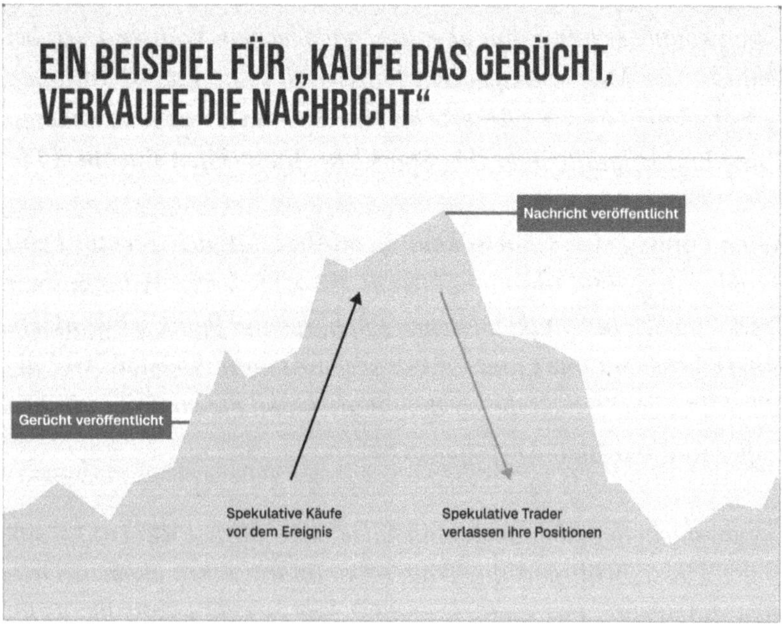

Vom Spektakel zum Fundament – Der Moment, als Bitcoin erwachsen wurde

Ich weiß noch genau, wie verrückt diese Wochen Ende 2023 waren. Jeden Tag hieß es: »Heute kommt er – der Bitcoin-ETF!« Dann wieder nicht. Mal kursierten Screenshots, mal angebliche Whistleblower-Infos, mal Artikel, die sich später als Fake News entpuppten. Die Euphorie verpuffte, der Markt rauschte nach unten. So ging es wochenlang: Hoffnung, Ernüchterung, erneute Hoffnung. Die Community war im Dauerfieber, alle warteten auf DEN Tag. Und als der ETF dann wirklich offiziell genehmigt wurde? Geschah fast nichts. Der Markt zuckte kaum. Nach all dem Hype war die Luft raus. Aber genau das machte für mich eines deutlich: Ein ETF ist kein kurzfristiger Pump, sondern ein langfristiger Gamechanger.

Ein Bitcoin-ETF bedeutet: Institutionelle können einsteigen.

Nicht über Wallets, nicht über Keys, nicht über eine Kryptobörse, sondern über BlackRock, Fidelity & Co. – so, wie sie es gewohnt sind. Sie klicken nicht auf den »Buy«-Knopf oder jonglieren mit Seed-Phrasen, sondern lassen ihre Milliarden von Vermögensverwaltern strukturieren.

Ein ETF ist wie ein Ritterschlag für ein Asset. Er öffnet die Tür zu den Big Playern: Hedgefonds, Versicherungen, Family Offices. Leute, die mit Summen hantieren, die kein Privatanleger je erreichen kann. Das Kapital, das dadurch langsam und stetig in Bitcoin fließt, ist gigantisch.

Euphorie, Spekulation und Enttäuschung

Ich saß damals zu Hause am Laptop, Discord offen, Community im Ohr. Wir diskutierten jede News, jedes Gerücht, jede angebliche Bestätigung. Zwei, drei Wochen lang war das Thema omnipräsent. Jeden Tag wartete man, dass »heute der Tag« sein könnte.

Die Euphorie wurde durch Fake News immer wieder neu befeuert. Als die Genehmigung schließlich kam, war die Stimmung eher: »Okay, wir haben ihn. Sehr schön. Weiter im Programm.« Viele hatten blind Long-Positionen eröffnet in der Annahme: »ETF kommt – Kurs explodiert.« Doch als nichts passierte, ging es sogar 5.000 bis 6.000 Dollar nach unten. Panik im Discord, Fragen über Fragen: »Warum pumpen wir nicht?« Die Antwort: »Weil der Effekt langfristig ist, nicht tagesgenau.«

Das ist auch ein Lehrstück für Trader: Buy the rumor, sell the news. Große Player nutzen solche Events gerne, um den Markt in die Gegenrichtung zu drücken.

Was ist ein Bitcoin-ETF eigentlich?

Ganz einfach erklärt: Ein ETF (Exchange Traded Fund) ist ein Börsenprodukt, das du über deine Bank kaufen kannst. Im klassischen Bereich bündelt er oft verschiedene Aktien, zum Beispiel Tech-Unternehmen. Kaufst du den ETF, besitzt du indirekt Anteile an allen diesen Firmen.

Beim Bitcoin-ETF ist es ähnlich: Du investierst über die Bank in Bitcoin – aber ohne selbst Coins zu halten. BlackRock & Co. kaufen die Coins und verwalten sie. Für dich läuft es wie bei einer Aktie:

Du investierst regelmäßig, bekommst Abrechnungen, musst dich nicht um Wallets oder Keys kümmern.

Das bedeutet: Selbst die 70-jährige Oma, die nie von Seed-Phrasen gehört hat, kann jetzt über ihre Sparkasse in Bitcoin investieren.

Warum das für Daytrader relevant ist

Als Daytrader kaufen wir keine ETFs. Aber sie sind ein Indikator. Wir sehen genau, wie viel Kapital pro Tag hinein- oder herausfließt. 200 Millionen? 500 Millionen? Eine Milliarde? Diese Zahlen zeigen, wie die großen Player denken.

Wichtig zu verstehen: Käufe für ETFs laufen OTC – also »over the counter«. BlackRock geht zu Coinbase oder zu Mining-Desks und kauft direkt größere Bestände von Bitcoin. Das taucht nicht im Orderbuch auf, sondern passiert hinter den Kulissen. Deshalb pumpen 500-Millionen-ETF-Zufluss nicht sofort den Kurs. Sie wirken langfristig, nicht Intraday.

Risiken – wenn wenige zu viel halten

Natürlich hat das Ganze auch eine Kehrseite: Wenn BlackRock, Fidelity, Grayscale & Co. Milliarden an Bitcoin horten, konzentriert sich eine enorme Macht in wenigen Händen. Was passiert, wenn einer dieser Giganten beschließt, einen großen Teil zu verkaufen? Oder wenn sie regulatorisch unter Druck geraten? Für die Preisstabilität ist es vielleicht gut, für die Dezentralität von Bitcoin ist es zumindest ein Widerspruch.

Politik, Trump und die USA

Seit Trumps Wiederwahl war in den USA viel Bewegung im Markt. Er positionierte sich positiv zu Bitcoin, richtete sogar eine staatliche »Reserve« ein – allerdings nicht durch Neukäufe, sondern indem beschlagnahmte Coins einfach einbehalten wurden. Das Signal war trotzdem klar: Die USA rücken Bitcoin näher an den Mainstream heran. Trump sprach davon, die USA zum »Krypto-Land Nummer eins« zu machen, Mining anzuziehen und vielleicht sogar Gewinne steuerfrei zu stellen. Ob das Realität wird? Unklar. Aber die Richtung stimmt.

Vergleich zu Gold

Spannend ist der Vergleich zu Gold. Auch da gab es ETFs – und sie haben den Markt verändert. Aber der Bitcoin-ETF brach zeitnah und unmittelbar Rekorde: Kein ETF-Launch in der Geschichte hatte jemals so schnell so viel Kapital eingesammelt. Innerhalb kürzester Zeit überholte er die Volumina, für die Gold-ETFs Jahre gebraucht hatten.

Trotzdem: Gold und Bitcoin laufen auf separaten Bahnen. Die einen vertrauen auf den Rohstoff, die anderen auf das digitale Pendant. Beide gelten als »sicherer Hafen« – vor allem in Krisenzeiten.

Crash oder Superzyklus?

Und dann steht da noch die große Frage im Raum: Was passiert langfristig? Der CEO von BlackRock sagte einmal sinngemäß: »Die Big Player sind noch gar nicht drin – sie warten auf einen letzten großen Crash.« Sie wollen sehen, wie stabil das Netzwerk wirklich ist, wenn es kracht. Erst dann wollen sie massiv einsteigen.

Was könnte einen solchen Crash auslösen? Geopolitische Krisen? Vielleicht ein Konflikt im Nahen Osten? Eine neue Pandemie? Oder einfach ein klassisches Überhitzen am Bullenmarkt-Top? Rücksetzer von 20 bis 30 Prozent sind bei Bitcoin völlig normal. Für die Großen bilden sie perfekte Einstiegschancen.

Andere glauben an einen Superzyklus: kontinuierlich nur nach oben, ohne größere Korrekturen. Ich persönlich denke, dass die Zyklen kurzfristig so bleiben werden, wie wir sie kennen. Aber mit jedem Halving, mit jedem ETF und mit jedem neuen Institutionellen verändern sich die Spielregeln.

Viele Anfänger verwechseln den Kapitalzufluss bei ETFs mit einem direkten Pump. Sie sehen »500 Millionen rein!« und erwarten sofort eine grüne Kerze. Doch weil alles OTC läuft, hat es keinen sofortigen Einfluss auf den Kurs.

Das ist die wichtigste Lektion: ETF-Zuflüsse sind bullisch, aber sie spielen nicht im 5-Minuten-Chart, sondern langfristig.

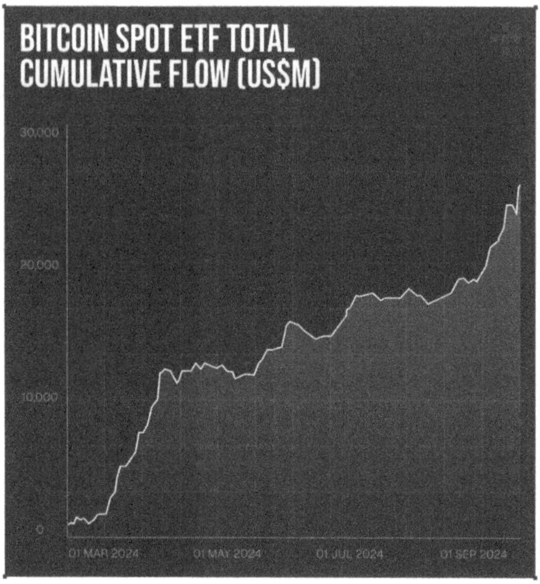

Der Bitcoin-ETF ist kein Feuerwerk, sondern ein Fundament. Er bedeutet: Bitcoin ist erwachsen geworden. Institutionelles Geld hat jetzt eine Brücke – und diese Brücke ist gewaltig.

Für uns Trader heißt das:

- Versteht, wie ETFs funktionieren.
- Erwartet keinen Tagespump, sondern seht das Big Picture.
- Nutzt ETF-Daten als Indikator, nicht als Signal.
- Und behaltet im Kopf: Rücksetzer sind Chancen.

Der ETF hat Bitcoin offiziell im Club der großen Assets etabliert. Der Ritterschlag ist erfolgt – und was jetzt kommt, kann das Spiel für Jahrzehnte prägen.

Kapitel 10:

Ausblick

Ein Zukunftsszenario

Stell dir das Jahr 2030 vor. Die Trading-Welt sieht aus wie ein Science-Fiction-Film – nur ohne Popcorn. Überall Bildschirme, bunte Heatmaps, Algorithmen, die schneller rechnen, als du »Stop Loss« sagen kannst.

Es gibt KI-Systeme, die 1.000 Charts pro Sekunde scannen – kein Witz. Während du noch überlegst, ob die letzte Candle grün oder rot war, hat die künstliche Intelligenz bereits sämtliche Marktbewegungen seit 2011 durchgerechnet und dir einen 20-seitigen PDF-Report in die Inbox geballert. Sie spuckt dir glasklare Signale aus:

»Long bei 102.450 USD, Stop Loss bei 101.900 USD, Take Profit bei 104.200 USD.«

Alles präzise, alles durchoptimiert, alles in der Geschwindigkeit eines doppelten Espressos auf leeren Magen.

Und trotzdem: Stell dir vor, du sitzt da. Zwei Bildschirme vor dir, die KI surrt wie ein Kühlschrank im Hintergrund. Das Ding feuert dir perfekte Setups raus wie ein betrunkener DJ im Club. Aber dann kommt der Moment der Wahrheit: Du musst auf den Button klicken. Buy oder Sell?

Die Maus in deiner Hand fühlt sich plötzlich so schwer an wie eine übergroße Hantel im Fitnessstudio. Dein Herz schlägt schneller. Deine Hand zittert. Und du fragst dich: »Vertraue ich wirklich einer Maschine, die mir vorgestern noch beim Texten empfohlen hat, meine Ex anzuschreiben?«

Und damit sind wir beim Kern: Künstliche Intelligenz ersetzt den Trader nicht – sie erweitert ihn. Sie ist wie ein Assistent, der dir Daten liefert, Muster erkennt, Wahrscheinlichkeiten berechnet. Aber die Verantwortung bleibt letzten Endes trotzdem bei dir.

Ich stelle mir manchmal vor, wie ein kompletter Anfänger im Jahr 2030 mit einer solchen KI tradet. Er bekommt Signale, klickt blind auf »Buy«, denkt, er sei der neue Warren Buffett – und zwei Minuten später rauscht der Markt 10.000 Dollar nach unten. Panik! Capslock im Discord!

Und unsere KI?

Bleibt eiskalt und vermeldet lapidar »Neuberechnung läuft …« wie das Navi in deinem Auto, wenn es in einem Tunnel kurzfristig die GPS-Verbindung verloren hat. Währenddessen implodiert im Hintergrund dein Trading-Account …

KI ist wie ein Supersportwagen: brutal schnell, technisch perfekt, mit mehr PS als Verstand. Aber wenn du keinen Führerschein besitzt, keine Fahrpraxis hast und kein Training in schwierigen Ausnahmesituationen vorweisen kannst, landest du über kurz oder lang trotzdem im Straßengraben – und zwar mit 320 km/h.

Das Skurrile daran: Viele träumen schon heute davon, einfach alles der KI zu überlassen. »Die Maschine tradet, ich werde Millionär, und ab morgen schlürfe ich nur noch Cocktails an der Strandbar.«

Klingt super – ist aber Bullshit. Wenn es tatsächlich so einfach wäre, gäbe es keine Verlierer mehr am Markt. Jeder wäre reich, alle hätten aufgehört zu arbeiten. Und vermutlich würde sogar Tante Emma beim Bäcker ihre Schrippen mit Trading-Gewinnen bezahlen.

Deshalb sage ich: Künstliche Intelligenz ist ein Werkzeug, aber sie ist kein Wundermittel. Sie kann dich schneller machen, vielleicht sogar präziser – aber den Knopf drücken musst immer noch du. Und manchmal ist genau dieser Klick der Unterschied zwischen einem guten Trade und einem richtig teuren Abenteuer.

KI & Bitcoin: Hype, Hoffnung und harte Realität

Die Zukunft klingt spektakulär – aber was heißt das im Hier und Jetzt? Die KI ist längst da, und sie klopft auch schon laut an die Tür des Finanzmarkts.

Wenn die künstliche Intelligenz in ein paar Jahren 1.000 Charts pro Sekunde scannen kann – was bedeutet das dann für uns Trader heute? Die Antwort ist einfach: Die KI ist bereits da. Künstliche Intelligenz ist überall. Sie schreibt Texte, sie malt Bilder, sie beantwortet Fragen – und ja, sie hält inzwischen auch schon Einzug in die Finanzwelt.

Wer heute einen Chart-Screenshot macht, kann damit eine KI füttern und sich von dem Tool eine detaillierte Analyse mitsamt

Antwort und Trading-Empfehlung – »Soll ich Bitcoins kaufen? Wohin geht der Kurs?« – ausspucken lassen. Klingt nach Science-Fiction, ist aber längst Realität.

Doch wie viel taugt das wirklich? Meine ehrliche Meinung: noch nicht viel.

Keine Frage, die Idee ist ausgesprochen reizvoll: Die Maschine übernimmt das Denken, du kassierst den Profit. Kein Stress, keine Emotionen, keine Fehler – so stellt es sich zumindest mancher kleine Trading-Anfänger vor. Doch die Wahrheit ist eine andere. Die Market Maker, gegen die wir alle traden, sind selbst nichts anderes als gigantische Algorithmen. Sie manipulieren Kurse, spielen mit Volumen und liquidieren gezielt Positionen. Glaubst du ernsthaft, eine frei verfügbare KI könnte diesen High-End-Algorithmen dauerhaft das Wasser reichen?

Ich habe selbst noch nicht aktiv mit KI-Trading-Tools gearbeitet, und ganz ehrlich: Das wäre mir viel zu zeitaufwendig. Man müsste unzählige Modelle testen, Bots programmieren, Strategien anpassen. Für mich persönlich lohnt sich dieser Aufwand aktuell nicht, und auch in meiner Community ist das Thema überraschend unauffällig. Kurz nach dem Launch von ChatGPT gab es einen Hype – ein paar Wochen lang wollten alle wissen, ob die KI nun das nächste große Ding fürs Trading werden könnte. Doch die Euphorie war schneller weg, als sie gekommen war.

Die Realität ist: Künstliche Intelligenz kann dir helfen, zum Beispiel bei der Recherche oder indem sie dir einige Arbeitsschritte abnimmt. Aber sie ersetzt keine Strategie und schon gar nicht dein eigenes Verständnis für den Markt. Am Ende des Tages sitzt immer noch ein Mensch am Button und entscheidet: Kauf oder Verkauf? Kein Algorithmus dieser Welt kann dir die Verantwortung dafür abnehmen.

Chancen und Gefahren

Natürlich hat KI Potenzial. In zwei, drei Jahren könnte das Thema schon ganz anders aussehen. Vielleicht werden Tools entwickelt, die Muster schneller erkennen, Setups effizienter durchrechnen oder sogar Emotionen im Markt aus Tweets und News messen können. Aber Stand heute sind wir noch viel zu weit davon entfernt, als dass man der Analyse einer künstlichen Intelligenz blind vertrauen könnte.

Die Gefahr liegt eher darin, dass Trader sich zu sehr auf die Maschine verlassen. Wer glaubt, er müsse nur noch Screenshots hochladen und Befehle eintippen, läuft Gefahr, die Basics zu verlernen. Und Basics – von der Chartanalyse über das Volumen-Verständnis bis hin zu einem sauberen Risikomanagement – sind im Trading das Einzige, was dich und dein Portfolio langfristig am Leben hält.

KI ist ein Werkzeug – keine Wunderwaffe

Künstliche Intelligenz kann dich unterstützen, dir neue Perspektiven liefern und dir vielleicht Zeit sparen. Aber sie ersetzt nicht dein Mindset, nicht deine Strategie und nicht deine Erfahrung. Trading bleibt ein Handwerk. Wer glaubt, KI könne ihn zum Multimillionär machen, irrt sich gewaltig. Wenn es so einfach wäre, gäbe es keine Chartanalyse mehr, keine Indikatoren, keine Trader-Communitys – alle würden einfach nur noch die KI fragen.

Blick nach vorn – Bitcoin & die neuen Zyklen

Spannend ist allerdings, was KI mittel- und langfristig indirekt mit dem Markt machen könnte. Bitcoin durchläuft seit jeher seine typischen Halving-Zyklen: zwei Jahre Bullenmarkt, ein Jahr Bärenmarkt, Seitwärtsphase – dann wieder Halving. Ich persönlich glaube, dass dieser klassische Rhythmus nicht mehr lange in dieser Form bestehen bleibt.

Warum? Weil immer mehr institutionelles Geld in den Markt fließt, weil ETFs Stabilität reinbringen – und weil Big Player jede größere Korrektur sofort als Kaufchance sehen. Ein Bärenmarkt könnte künftig nicht mehr ein ganzes Jahr dauern, sondern vielleicht nur noch wenige Monate. Die Volatilität wird sich verringern, weil Bitcoin reifer wird. Und wenn dann noch ein Supply Shock kommt – also eine Verknappung des Angebots bei gleichzeitig riesiger Nachfrage –, könnte das einen Superzyklus auslösen. Ein Szenario, in dem es eigentlich nur noch nach oben geht.

Ob es wirklich so kommen wird? Niemand weiß es. Vielleicht sehen wir noch einmal den klassischen Zyklus, vielleicht erleben wir schon bald etwas völlig Neues. Aber eines ist sicher: KI wird die Finanzwelt verändern. Nicht heute, nicht morgen, aber auf jeden Fall in den nächsten Jahren.

Fazit

Für uns Trader gilt: Solange es Volatilität gibt, spielt es keine Rolle, ob künstliche Intelligenz, Market Maker oder ein erratischer US-Präsident die Kurse bewegen. Wir profitieren von den Schwankungen. KI ist dabei kein Feind und kein Allheilmittel – sie ist lediglich ein weiteres Werkzeug in unserer Tool-Box. Wer sie clever nutzt, kann sich Vorteile verschaffen. Wer glaubt, sie könne das Denken ersetzen, wird scheitern.

Trading bleibt menschlich.

Und genau das ist unsere Chance.

Key Facts Kapitel 10 – KI & Bitcoin

» KI kann Charts lesen, aber nicht den Markt verstehen: Tools liefern Analysen, doch sie ersetzen keine Strategie.
» Market Maker sind selbst Algorithmen: Wer glaubt, mit frei verfügbaren KI-Tools dauerhaft besser zu sein, unterschätzt das Spiel.
» Unterstützung statt Ersatz: KI spart Zeit und kann Muster aufzeigen, aber die Entscheidung bleibt beim Trader.
» Gefahr der Bequemlichkeit: Wer sich zu sehr auf KI verlässt, verlernt die Basics und setzt sein Konto aufs Spiel.

Epilog

Es ist sieben Uhr morgens. Die Sonne steigt auf über der Wüste von Dubai, taucht unser Haus in warmes Gold. Von außen mag die Villa mit ihren hohen Fenstern, den hellen Steinwänden und einem Garten wie eine kleine Oase imposant wirken. Für uns ist es schlicht unser Zuhause. Ein Ort, an dem Ruhe einkehrt, wenn draußen die Märkte toben.

Ich sitze auf der Terrasse, ein starker Kaffee dampft in meiner Hand. Neben mir meine Frau, barfuß, entspannt, sie liest schon die ersten Nachrichten des Tages. Unsere Tochter flitzt quer durch den Garten, das Tablet in der Hand, auf dem sie ihre eigenen kleinen »Charts« malt. Sie lacht, ruft: »Papa, meiner ist auch gerade nach oben geklettert!« – und wir beide schauen uns an, schmunzeln. Es ist einer dieser Momente, die unbezahlbar sind.

Mein iPad liegt griffbereit. Ein Blick auf den aktuellen Bitcoin-Kurs: Vor wenigen Stunden wurde die 500.000-Dollar-Marke geknackt. Kein Traum, sondern Realität. Früher hätte mir bei solchen Zahlen das Herz bis zum Hals geschlagen. Heute bleibe ich ruhig, weil ich weiß: Erfolg ist nicht das Ergebnis einer Zahl, sondern jahrelanger Disziplin.

Ich öffne Discord. Die Community ist gewachsen wie ein eigenes Universum. Nachrichten aus allen Zeitzonen treffen im Sekundentakt ein:

- *In Australien feiern sie mit Sekt und Champagner.*
- *In Brasilien hat ein Mitglied gerade seine erste Wohnung gekauft, bezahlt aus seinen Trading-Gewinnen.*
- *In Wien postet jemand einen Screenshot: Plus 25.000 Dollar mit einem einzigen Trade!*

Und dann viele der alten Namen, die seit den Anfangstagen mit dabei waren. Manche hatten einst mit 50 Dollar begonnen, heute handeln sie sechsstellige Positionen. Nicht durch Magie, sondern durch das, was wir uns gemeinsam erarbeitet haben: Disziplin, Mindset, Strategie.

Während ich das lese, höre ich das Brummen eines Jets über der Stadt. Und plötzlich ist er wieder da, dieser Moment von damals. Ich im Taxi, ein Rucksack voller Bargeld auf dem Schoß, Herzrasen. Heute erzähle ich die Geschichte mit einem Schmunzeln, weil sie der Anfang von allem war.

Mittags fahren wir raus an die Küste. Meine Frau liebt das Meer, unsere Tochter sammelt Muscheln und erzählt mir mit ernster Miene, sie wolle eines Tages auch Traderin werden – aber nur, wenn sie nebenbei ein eigenes Pferd haben kann. Ich lache, nicke und denke mir: Klar, warum nicht?

Abends, wenn die Stadt glitzert, sitze ich noch einmal am Rechner. Ich muss nicht, aber ich will. Trading ist längst mehr als ein Job oder eine Einkommensquelle. Es ist Kultur geworden. Eine Bewegung, die Menschen weltweit verbindet.

Und während ich den Tag Revue passieren lasse, wird mir klar: Das Schönste ist nicht, dass Bitcoin jetzt bei einer halben Million steht.

Das Schönste ist, dass ich mit meiner Familie in diesem Haus sitze, das Lachen meiner Tochter höre und weiß: Wir haben nicht nur unser Leben verändert, sondern das von Tausenden weltweit.

Das ist mein perfekter Tag in der Zukunft – und mein Blick zurück.

Glossar

Von Blockchain bis Wallet – Begriffe, die du unbedingt draufhaben solltest

Die folgenden Begrifflichkeiten solltest du kennen, wenn du in das Daytrading und den Bitcoin-Bereich einsteigst.

Blockchain: Dezentrale, digitale Datenbank, in der Transaktionen in chronologischen Blöcken gespeichert und kryptografisch miteinander verknüpft werden. Dadurch entsteht ein fälschungssicheres, transparentes System ohne zentrale Kontrollinstanz.

Cold Wallet: → Wallet, die offline gespeichert wird und daher keinen direkten Internetzugang hat. Sie bietet einen hohen Sicherheitsgrad gegen Online-Angriffe und wird meist für die langfristige Aufbewahrung größerer Kryptobeträge genutzt.

Compounden: (engl. compounding) Zinseszinseffekt, bei dem Gewinne reinvestiert werden, um weiteres Wachstum zu erzielen. Im Trading führt das zu einem exponentiellen Kapitalzuwachs, sofern die Erträge regelmäßig erzielt und nicht entnommen werden.

Hodl: Slang-Begriff aus der Krypto-Community, steht für das langfristige Halten von Bitcoin oder anderen Coins – unabhängig von kurzfristigen Kursschwankungen. Er entstand ursprünglich aus einem Tippfehler von »hold« und wurde zum Symbol für eine geduldige, überzeugte Anlagestrategie.

Hot Wallet: Digitale → Wallet, die dauerhaft mit dem Internet verbunden ist. Sie ermöglicht schnellen Zugriff auf Kryptowährungen, ist jedoch anfälliger für Hackerangriffe als Offline-Lösungen wie → Cold Wallet.

Ledger: Digitales Hauptbuch, in dem alle Transaktionen einer Blockchain dauerhaft und transparent gespeichert werden. Es dient als dezentrale Datenbank, die von vielen Teilnehmern gemeinsam geführt und verifiziert wird.

Limit Order: Handelsauftrag, bei dem ein Kauf oder Verkauf nur zu einem zuvor festgelegten Preis oder besser ausgeführt wird. Sie ermöglicht es Tradern, gezielt Preisniveaus zu nutzen, ohne den Markt ständig beobachten zu müssen.

Liquidierung: Automatische Schließung einer Position, wenn das hinterlegte Sicherheitenkapital (Margin) nicht mehr ausreicht, um Verluste zu decken. Sie dient dem Schutz der Börse vor Zahlungsausfällen, kann für den Trader jedoch den vollständigen Verlust des eingesetzten Kapitals bedeuten.

Long gehen: Eine Position eröffnen, die auf steigende Kurse setzt. Der Trader kauft dabei einen Vermögenswert mit der Erwartung, ihn später zu einem höheren Preis wieder zu verkaufen und so Gewinn zu erzielen.

Market Maker: Akteure, die durch das kontinuierliche Stellen von Kauf- und Verkaufsorders für Liquidität im Markt sorgen. Sie verdienen an der Preisspanne (Spread) zwischen An- und Verkauf und tragen zu stabileren Kursbewegungen bei.

Short gehen: Auf fallende Kurse setzen. Der Trader verkauft dabei einen geliehenen Vermögenswert, um ihn später günstiger zurückzukaufen und aus der Kursdifferenz Gewinn zu erzielen.

Stop Loss: Order, die bei fallenden Kursen automatisch eine Position schließt, sobald ein festgelegter Wert erreicht oder unterschritten wird. Sie dient dazu, Verluste zu begrenzen und das Risiko im Trading zu kontrollieren.

Take Profit: Order, die bei steigenden Kursen automatisch eine Position schließt, sobald ein zuvor festgelegter Wert erreicht wird. Sie hilft Tradern, Gewinne zu sichern, ohne den Markt ständig beobachten zu müssen.

Wallet: Digitale Geldbörse, mit der Kryptowährungen wie Bitcoin gespeichert, empfangen und gesendet werden können. Sie verwaltet die privaten und öffentlichen Schlüssel, die für den Zugriff auf die Coins notwendig sind, und kann als Software-, Hardware- oder Paper-Wallet existieren. Siehe auch → Hot Wallet → Cold Wallet